당신은
태어나겠다고
선택하지
않았다

이 책은 2021년에 출간된 《무의미한 날들을 위한 철학》을 재출간한 것입니다.

A WONDERFUL LIFE

Copyright ⓒ 2020 Frank Martela
Original edition: Harper Design, An Imprint of HarperCollins Publishers.
Original title: A WONDERFUL LIFE: Insights on Finding a Meaningful Existence

Korean edition is published by arrangement with Frank Martela and
Elina Ahlback Literary Agency, Helsinki, Finland through Danny Hong Agency, Seoul.

Korean translation ⓒ 2025 by Across Publishing Group, Inc

이 책의 한국어판 저작권은 대니홍 에이전시를 통한 저작권사와의 독점 계약으로
어크로스출판그룹(주)에 있습니다. 저작권법에 의해 한국 내에서
보호를 받는 저작물이므로 무단전재와 복제를 금합니다.

A Wonderful Life

당신은 태어나겠다고 선택하지 않았다

무엇이 인생을 의미 있게 만드는가

피랑키 마르텔라 지음
성기홍 옮김

어크로스

차례

들어가며 참을 수 없는 존재의 하찮음   8

life 1
어느 날 갑자기 무의미함이 찾아왔다

01 꽤 괜찮은 날들이 괜찮지 않다고 여겨질 때   19
02 당신은 하찮고, 유한하며, 자의적인 존재이지만,
    그래도 괜찮다   25
03 행복해야 한다는 강박   35
04 당신 인생에는 이미 의미가 있다   57

life 2
우리가 삶의 방향을 잡지 못하는 이유

05 우리는 언제부터 인생의 의미를 찾게 되었을까   75
06 '심장을 따르라'는 무책임한 조언   99
07 의미는 삶의 밖에서가 아니라, 그 안에서 일어난다   123
08 가치를 발견하는 고유한 방식 만들기   143

life 3
의미 있는 삶을 회복하는 자기결정의 4가지 도구

09	누군가의 봉투에 당신의 이름이 적히도록 하라 관계 맺음	161
10	타인을 통해 당신의 인생에 기여하라 선의	179
11	내가 선택한 방식대로 살아갈 자유 자율성	197
12	좋아하는 것에 통달하는 강렬한 경험 유능감	215

에필로그 인생 안에서의 의미에 집중하라   241
감사의 말   246
주   251

"나는 어떻게 이 세상에 들어왔을까? 어째서 난 그 질문을 받지 않았을까? 어째서 규칙과 규정에 대한 설명도 듣지 못한 채 그냥 사람들 속에 밀어 넣어진 걸까? 현실이라고 하는 이 거대한 기획에 나는 어떻게 휘말리게 된 걸까? 어째서 휘말려야 하는 걸까? 그것은 내가 선택할 문제가 아닌가? 그리고 내가 어쩔 수 없이 휘말려야 한다면 관리인은 어디에 있나? 난 이 문세를 놓고 할 말이 있는데,
왜 관리인은 없나?
그럼 내 불만은
누구한테 이야기하지?"

— 쇠렌 키르케고르,《반복》, 1843

• **들어가며**

참을 수 없는 존재의 하찮음

　인생의 공허함이 엄습했을 때 당신은 어디에 있었나? 케첩의 풍미와 건강상의 장점에 대해 골똘히 생각하며 그 주에만 벌써 세 번째 전자레인지로 조리한 음식으로 저녁을 때우고 있을 때였나? 새벽 2시에 급한 업무를 끝내고 메일 보내기 버튼을 눌렀지만 그렇게 공들여 일해봤자 이 세상은 한 치도 나아지지 않으리라는 사실을 깨달았을 때는 어떤가? 어쩌면 삶을 송두리째 바꿔놓은 어떤 비극을 겪고 나서, 지금껏 내가 정말로 인생에서 원하는 게 무엇인지 진지하게 생각해보지 못했다는 사실을 깨달았을지도 모르겠다. 아니면 평소처럼 아침에 일어나서 거울에 비친 자신의 모습을 들여다보다가 인생이라고 하는 이 미치도록 하찮은 것에 그래도 뭔가 있는 게 아닐까 고민하게 되었을지도.

걱정 마시라. 당신은 혼자가 아니다. 이 책에서 당신은 존재의 하찮음을 정면으로 상대하다가 유의미함이라는 긍정과 활기가 가득한 정반대편에 이르게 된 숱한 사상가와 철학자들을 만나게 될 것이다.

우리는 당연히 삶이 중요하고 가치 있고 의미 있기를 열망한다. 우리는 "의미를 추구하도록 회로화되어 있다"라고 심리학 교수 로이 바우마이스터는 주장한다.[1] 의미의 부재는 우울증, 심지어 자살과 연결되는 심각한 심리적 박탈을 불러온다.[2] 의미는 인간의 동기, 안녕, 그리고 더 일반적으로는 가치가 있어 보이는 삶을 사는 데 중요하다.[3] 실제로 몇몇 연구는 뚜렷한 목적의식을 가지고 사는 사람들이 장수하는 경향이 있음을 보여주었다.[4] 홀로코스트 생존자이자 저명한 정신과 의사인 빅터 프랭클은 강제수용소에 있는 동안 이를 직접 목격했다. 그렇게 극악무도한 환경에서 살아남은 사람들은 한순간도 목적의식을 잃지 않았다. 프랭클은 "살아갈 이유가 있는 사람은 어떤 상황도 견뎌낼 수 있다"라는 니체의 말을 즐겨 인용했다.[5]

문제는 서구 문화가 이 피할 수 없는 "왜?"라는 질문에 진실되고 만족스러운 답을 내놓을 능력을 점점 잃고 있다는 점이다. 과거 대부분의 문명은 삶의 가장 큰 문제에 대한 답을 줄 수 있는 안정된 문화적 기반을 제공함으로써 의미에 대한 열망에 화답했다. 우리 선조들은 "어떻게 살아야 하지?"라는 의문이 생길 때 자신들의 문화—재미는 없지만 안정된 그 사회의 관습, 신념, 제도—에 의지해 길을 찾았다. 하지만 오늘날에는 의미를 떠받치던 오랜 토대가 흔들리고 있다. 근대 과학은 삶의 물질적 조건을 크게 향상시켰지만 전근대의 가치와 논리에 더 이상 의지할 수 없게 만들어놓은 한편 인간의 가치와 의미를 지탱하는 탄탄한 기초를 새롭게 제시하지도 못했다.

도덕성의 역사에 관한 전문가인 스코틀랜드 출신 철학자 알래스데어 매킨타이어는 근대 서구의 가치들이 더 이상 통용되지 않는 낡은 세계관의 잔해 위에 서 있다고 주장한다.[6] 서구 사회가 몇 가지 가치를 물려받긴 했지만 그것을 정당화하는 근거였던 더 넓은 세계관과의 연결은 끊어졌다. 그리고 오늘날 점점 세속화되고 개인화된 서구 세계관의 영향력은 전 세계적으로 날로 강력해지고 있다.[7]

이상적인 근대적 세계관 속에서 당신은 당신만의 의미의 근원을 자유롭게 찾고, 당신이 선택한 가치를 근거로 당신만의 길을 개척해나갈 수 있다. 그런데 안타깝게도 당신은 해방감을 느끼는 대신 공허함에 시달린다. 당신은 앞선 세대보다 더 열심히, 더 똑똑하게, 더 효율적으로 일하지만, 왜 그렇게 열심히 밀어붙이는지는 스스로도 잘 설명하지 못한다. 당신의 지루한 노동은 어떤 목적을 이루기 위해서인가?

당신은 작가 팀 크레이너가 말한 "바쁜 함정"에 스스로 빠져버렸다. "바쁨은 일종의 실존적인 안심으로, 공허함을 막는 대비책으로 기능한다. 즉 당신이 그렇게 바쁘고 일정으로 꽉 차 있고 종일 다른 사람들의 요청이 밀려든다면, 당신의 인생이 바보 같거나 시시하거나 무의미할 리가 없다고 생각하게 된다."[8] 당신은 홀로 지내기에서 파생되는 위협과 지루함에서 벗어나기 위해 바쁘고 시간이 없다는 기분을 유지하려고 뭐든지 다 한다. 사람들은 진짜로 하고 싶은 일이 뭔지 생각하지 않으려고, 유명한 사람들이 처방하는 목표를 기꺼이 좇으려 한다. 이는 철학자 이도 란다우가 지적한 근대적 인간의 이상한 상황을 설명한다. "많은 사람이 일생에 걸쳐 무엇이 자신의 삶을 더 의미 있게 만들어줄지를 고민하는 시간보다 더 많은 시간을 어느 식당에 갈지 또는 어떤 영화를 볼지 고민하는 데 쓴다."[9]

자신이 선택한 삶을 살려면, 자기 배를 직접 조종하려면, 어느 방향으로 가고 싶은지를 분명히 알아야 한다. 이를 위해 당신에게는 삶의 도전과제를 헤쳐 나가는 데 유익한 몇 가지 핵심 가치들이 필요하다. 그리고 **이를 위해** 당신은 어느 정도 시간을 들여서 일생일대의 선택을 놓고 심사숙고하며, 수면 아래에서 잠자고 있는 존재의 의미에 대한 의심을 마주해야 한다. 삶의 부조리를 정면으로 바라보고 존재의 하찮음을 포용할 때에만 자기 자신을 해방시켜 인생에서 좀 더 견고한 의미를 찾을 수 있다고 생각한 사상가들―톨스토이와 토머스 칼라일에서부터 시몬 드 보부아르와 쇠렌 키르케고르, 그리고 앨런 와츠에 이르기까지―의 계보는 길고도 유서 깊다. 이 책은 보편적 인류에게 호소력을 갖는 유의미함을 사고하는 새로운 방법을 제시하고, 이를 통해 어떤 문화적·종교적 배경을 갖고 있든 더 충만하고 의미 있는 삶으로 안내하고자 한다.

나는 당신이 더 의미 있는 존재로 살아갈 수 있게 돕고 싶다. 나는 인생의 의미를 다루는 철학, 심리학, 역사학 분야를 10년간 연구한 끝에 무엇이 인생을 의미 있게 만드는지 밝히는 일은 생각보다 쉽다는 것을 깨달았다. 사실 당신이 열린 마음으로 보고 느끼기만 해도 당신의 삶은 의미로 넘쳐날 수 있다. 인생의 의미가 결코 풀 수 없는 고통스러운 수수께끼처럼 느껴지는 이유는 우리가 속한 문화집단의 제한된 틀에 갇혀, 낡은 모델에 의존해 더 이상 말이 안 되는 질문에 대해 생각해왔기 때문이다. 사고방식을 바꾸면 당신이 찾는 답을 일상생활에서 구할 수 있음을 알게 될 것이다.

    이 책은 왜 인간이 의미를 추구하는지를 설명하고, 현대의 실존적 불안을 야기한 역사적 실수를 검토한 뒤, 좀 더 의미 있는 존재가 될 수 있는 손쉬운 경로를 제시한다. 그중 어떤 관점은 이상하게 느껴질 수도 있고, 어떤 관점은 너무 뻔하고, 또 어떤 관점은 당신이 이미 전적으로 동의하는 것일 수 있다. 하지만 이 모든 관점이 충만하고 삶을 긍정하는, 더 의미 있는 존재를 구축하기 위한 견고하고 안정된 토대를 제공할 것이다.

당신은 태어나겠다고 선택하지 않았다. 누구도 당신의 동의를 구하지 않았다. 누구도 당신에게 지침서를 주지 않았지만 당신은 여기, 이 세상에 던져졌고, 당신에게 주어진 제한된 존재의 시간 안에서 뭔가 의미 있는 것을 만들 필요가, 행동할 필요가 있다.[10] 그리고 당신은 너무 늦기 전에, 그 뭔가를 빨리 생각해내는 게 좋다. 영화 〈파이트 클럽〉에 나오는 에드워드 노튼의 내레이션처럼, "이건 당신 인생이고, 1분씩 1분씩 끝을 향해 가고" 있기 때문이다.

어느 날 갑자기 무의미함이 찾아왔다

life 1

문득
무대장치가 무너지기도 한다. 기상, 전차, 사무실이나
공장에서 네 시간, 식사, 수면, 똑같은 리듬을 따라
월, 화, 수, 목, 금, 토. 이 경로는 대부분의 시간에는
수월하게 이어진다.

그러던 어느 날
'왜'가 고개를 쳐들고 권태와 경악이 뒤범벅된 상태에서
모든 게 시작된다.

— 알베르 카뮈, 《시시포스 신화》, 1955

01

꽤 괜찮은 날들이
괜찮지 않다고 여겨질 때

인생은 부조리하고, 그래도 괜찮다. 《시시포스 신화》를 쓴 알베르 카뮈보다 이를 명백하게 풀어낸 작가는 없다.[1] 실존주의 문학의 고전이 된 이 책은 시시포스 신화에서 제목을 가져왔다. 고대 그리스신화에서 시시포스는 신에게 반항한 죄로 영원한 벌을 받는다. 산꼭대기까지 밀어 올린 바위가 굴러 떨어지면 다시 밀어 올리기를 무한 반복해야 하는 운명이었다. 카뮈는 시시포스를 부조리함의 영웅, 일종의 그리스신화판 필 코너스라고 생각했다. 필 코너스는 영화 〈사랑의 블랙홀〉에 나오는 인물로 펜실베이니아

펑추니아의 텔레비전 기상 예보관이다. 그는 재미없고 단조로운 일상에서 벗어나기 위해 온갖 일을 해보고 심지어 자살도 시도해보지만 어김없이 같은 마을에서 같은 라디오 노랫소리에 깨어나 어제와 똑같은 무의미한 생활을 반복한다. 그는 이렇게 말한다. "한번은 버진아일랜드에 갔다가 한 소녀를 만났지. 우린 랍스터를 먹고 피냐콜라다를 마셨어. 석양이 질 때 우린 해달처럼 사랑을 나눴어. 꽤 괜찮은 하루였지. 어째서 매일 그렇게 살 순 없는 거지?" 이 말에 공감하지 않을 사람이 얼마나 있을까? 하지만 아무리 좋은 하루를 보낸다 해도 우리는 무한 루프에 갇힌 인생을 살고 있다는 기분을 느끼곤 한다.

물론 당신은 자기 인생의 주인공으로서 인생에 많은 투자를 한다. 하지만 때로 우주적 관점에서 보면 당신의 인생은 작디작고 우연적이고 특별한 가치가 없을 거라는 사실을 깨달을지 모른다. 당신의 인생이 아주 소중하다는 **기분**과 그 기분의 근거를 대지 못할 수 있다는 **앎** 사이의 불일치가 바로 부조리함의 정체다. 철학자 토드 메이는 이를

"의미를 찾는 우리와, 그걸 내주지 않으려는 우주와의 대결"이라고 부른다.[12] 당신의 행동이 또는 당신의 삶이 어째서 가치가 있는지 분명히 밝히지 못할 때 당신은 진퇴양난에 빠지게 된다. 당신에게 무엇이 진정 가치 있는지 알려주는—개인, 가족, 사회 차원의—기틀과의 유대가 끊겼을 때 이런 일이 벌어진다.

이런 일이 오늘날 서구 사회에서 점점 많이 발생하고 있다. 사회학자 로버트 벨라는 미국 사회에 대한 고전적 분석서인 《마음의 습관Habits of the Heart》에서, 근대 미국인들의 도덕적 풍경이 자기이익을 추구하는 개인의 선호로 단조롭게 축소되었다고 지적한다. 그래서 좋은 삶의 궁극적인 목표가 "개인의 선택의 문제"가 되어버렸다.[13] 사람들은 문화적 기틀이라는 든든한 길잡이가 사라졌다고 느낀다. 당신은 어떻게 살아야 할지 **알지** 못하고 어떻게 살지를 **선택**해야 한다고 느낀다. 장-폴 사르트르의 표현처럼 "신이 존재하지 않으면 모든 게 허용된다."[14]

2007년 갤럽월드폴은 132개국 14만 명 이상을 대상으로 설문조사를 실시했다. 문항 중에 "당신은 인생의 중요한 목적이나 의미가 있다고 느낍니까?"라는 질문이 있었다. 행복 또는 삶에 대한 만족도를 국제적 수준에서 대규모로 검토했을 때 연구자들은 매번 동일한 결과를 얻는다. 1인당 GDP가 더 높은 부유한 국가의 시민이 가난한 나라보다 더 행복한 경향을 보인다는 것이다.[15] 하지만 갤럽의 질문에 대한 대답을 비교해본 연구자들은 실은 그와 정반대임을 알게 되었다. 전 세계에서 91퍼센트가 삶의 의미를 발견했다고 대답했지만 영국, 덴마크, 프랑스, 일본 같은 부자 나라의 시민들은 삶의 목적이나 의미가 **없다**고 대답하는 경향이 강한 반면 라오스, 세네갈, 시에라리온 같은 가난한 나라에서는 사실상 모든 사람이 자신의 삶에 의미가 **있다**고 답했다.[16] 사람들이 삶의 의미를 잘 느끼지 못하는 부자 나라에서는 자살률도 높다.

　우리는 실존적 불편함이라는 파도가 순식간에 덮쳐오는 순간 어쩌면 삶은 그리 좋은 게 아닐지도 모른다는 기분에 휩싸이곤 한다. 그러다가 아침 기상 알람이 울리면 또 하루가 시작되고, 당신은 어김없이 세상을 향해 뛰어든다. 어쨌든 힘껏 밀어 올려야 하는 바위가 있으니까. 하지만 다른 방법도 있다. 부조리함의 도전을 견뎌낼 세계관을 구축하는 것이다. 근대 과학이 우주와 그 속에서 인류가 점하는 위치에 대해 하는 이야기와 양립하면서도 정당한 가치와 의미, 지속 가능한 행복의 감각을 움켜쥘 수 있는 그런 세계관 말이다. 하지만 먼저 부조리함이 거대하고 우주적인 의미라는 환상을 어떻게 파괴하는지 이해하기 위해 이 부조리함이라는 개념을 본격적으로 살펴보자. 그러고 나면 개인의 해방을 위한 진짜 조치를 취할 수 있다.

우리가 살아가는 세기는 헤아릴 수 없을 정도의 거대함과
상상할 수 없을 정도의 작음을, 한량없이 기나긴,
인간이 아무것도 아니던 지질학적 시대를,
공간이 남아도는 은하계와 파악하기 힘든 아원자들의
행동을, 물질의 중심에 있는 일종의 터무니없는
수학적 폭력을 우리 앞에 펼쳐 보였고,
그 결과 우리는 깊은 무력감에 빠져버렸다.

— 존 업다이크, 《진화에 대한 비판적인 에세이》, 1985

02

당신은 하찮고, 유한하며, 자의적인 존재이지만, 그래도 괜찮다

 부조리함이란 앞서 언급한 대로 우주가 당신이 거기서 찾고자 하는 유의미함을 내주지 않는 상황을 말한다. 처음에는 천진난만하게 시작된 어떤 생각의 흐름이 점점 깊이 굴을 파고 들어가다가 존재의 커튼을 찢어 벌리고, 당신은 난데없이 생의 부조리함과 마주치게 된다. 당신은 보통 세 가지 방식으로 부조리함과 스치게 된다. 당신은 인생이 ① 하찮고, ② 영원하지 않으며, ③ 그 안에 있는 모든 가치와 목표가 자의적이라고 느낀다.[17] 심연을 건강하게 관찰해야만 그 반대편으로 빠져나오는 길을 찾을 수 있다. 따라서 부조리함의 이 세 항목을 좀 더 자세히 들여다보도록 하자.

하찮음에 대하여

우주의 나이―약 140억 살―를 24시간으로 나타내면 우리 인간은 자정이 되기 15초 전부터 느릿느릿 진화를 시작했다. 당신의 인생은 1초도 안 되는 순간에 끝나버릴 것이다. 우주적 관점에서 무엇이 중요한가라는 질문은 실존적으로 혼란스럽기는커녕 정신이 번쩍 들게 할 수 있다. 당신은 온 우주―행성들과 은하계와, 그 속을 채우고 있는 반짝이는 무한한 별들과 장엄한 태양계―가 무언가에 어떤 가치를 할당하는지를 알아내려고 애쓸 필요가 없다. 미국의 천체물리학자 닐 더그래스의 말처럼 "우주는 당신을 이해시킬 의무가 없다."[18] 이게 사실이 아니라면 웃길 것이다.

저 점을 다시 보세요. 저게 이곳입니다. 저게

집입니다. 저게 우리입니다. 그 위에서 당신이
사랑하는 사람들이, 당신이 아는 모든 사람들이,
당신이 들어본 적 있는 모든 사람들이, 존재했던
모든 인간이 (…) 햇살 속에 떠다니는
먼지입자 위에서 자신의 삶을 살다 갔습니다.
— 칼 세이건, 보이저 1호가 찍은 마지막 지구 사진에 대하여, 1994

이런 식이 아니었던 적도 있었다. 우리 조상들은 지구가 만물의 중심이라고 믿었다. 인간은 신의 관심을 집중적으로 받았고, 신 역시 인간의 전폭적인 관심을 받았다. 대부분의 문화권에 있는 창조신화에서 인간은 존재라는 우주적 현상에서 주도적인 역할을 했다. 천체물리학과 우주학, 그 외 다른 과학의 지식과 함께 21세기를 살아가는 우리에게 내린 저주는 너무 많이 안다는 것이다. 오늘날 우리는 우리가 존재하기 이전의 광대한 역사와 우주의 크기에 대해 사실에 근거한 견고하고 과학적인 지식을 갖고 있고, 이는 어쩔 수 없이 철학자 토머스 네이글이 밝힌 결론으로 이어진다. "우리는 무한하게 거대한 우주 안에서 작디작은 티끌에 불과하다."[19]

영원하지 않음에 대하여

> 영원히 자기 거라고 생각했던 무언가를 잃어버린 사람은 결국 자기 것은 아무것도 없다는 사실을 깨닫게 된다.
> ― 파울로 코엘료, 《11분》, 2005

당신은 잠시 머무는 존재로서, 늙고 병들고 결국은 죽어서 분해되는 육신 안에 깃들어 있다. 하지만 영원하지 않음의 범위에 죽음만 있는 것은 아니다. 생명―우리의 육체적·정서적·지적 안녕―은 본래 일시적이다. 만물은 변화하고 한 순간에서 그다음 순간으로 넘어간다. 불교는 영원하지 않음이라는 개념, 즉 무상함을 특히 잘 받아들인다.

인생은 무상하고, 부단한 흐름의 상태에 있으며, 결국 흩어지게 됨을 설파하는 불교에서 **무상함**은 존재의 세 가지 기본 특성 중 하나다. 하지만 영원하지 않음이라는 생각을 받아들이기 위해 불교도가 될 필요는 없다. 놀이기구가 언젠가 사라지는 게 분명하다면 아무것도 탈 가치가 없다는 결론에 빠지기 쉽다는 점에서 그것은 부조리함의 늪에 이르는 지름길과도 같다.

자의성에 대하여

정의로운 사람이 돼라.
정의로워질 수 없으면 자의적이 돼라.
— 윌리엄 버로스, 《네이키드 런치》, 1959

인생은 자의적이라는 개념의 중심에는 궁극적으로 옳은 목표나 결승선, 가치 같은 것은 없다는 생각이 자리한다.[20] 우리는 몇 가지 인생의 원칙과 가치들을, 선택과 행동의 길잡이로 삼을 정도로 아주 진지하게 여긴다. 하지만 이런 거대한 가치가 궁극적으로 정당할까, 아니면 우리가 자의적으로 승인한 선호에 불과할까? 우리는 우리의 가치가 우주에서 어떤 식으로든 근거를 갖추는 편을 훨씬 더 좋아하긴 하지만, 우주에는 가치라고 할 만한 게 전혀 없고 우리가 어떤 가치를 품든 우주는 별 관심이 없다는 인식이 날로 늘고 있다. 아인슈타인의 상대성 이론은 왜 어떤 것이 의미나 가치를 가져야 하는지에 대해 아무것도 말해주지 않는다. 물리적인 우주는 무심하다.

형태를 자기복제할 수 있는 물질의 특수한 집합인 생명체는 우주의 역사에서 어느 한 시점에 이 장대한 무대에 우연히 출현했다. 거기에는 어떤 객관적인 가치도 존재하지 않았다. 가치는 본질적으로 인간의 발명품이고, 사실 인간의 가치가 동물의 선호와 구분되는 유일한 지점은 더 성찰적이고 언어로 표현 가능하다는 점이다. 당신은 종이 위 잉크 자국을 보면 자동적으로 글씨와 단어를 떠올린다. 하지만 잉크는 잉크일 뿐이다. 글씨는 당신의 해석을 통해 당신의 마음 안에만 존재한다. 가치도 마찬가지다. 가치 그 자체 이면에는 아무것도 없다. 가치가 존재하는 이유는 당신과 사람들이 그것을 가치라고 인정했기 때문이다.

인생의 목표와 가치를 자신을 위해 자유롭게 선택하는 무언가로 생각하는 사람들이 늘고 있다. 하지만 만일 당신의 목표와 가치가 당신에게 달린 개별적인 문제라면, 궁극적으로 추구할 만한 가치란 아무것도 없다는 점에서 이런 현상은 우려스럽다. 당신의 행동을 중요하게 만들어주는 영구적이고 최종적인 근거가 필요하다면, 사회 전체가 동의하는 가치에 대한 근거는 더 이상 찾기 어려운 듯하다.

그럼에도 방법은 있다

당신이 우주의 창백한 푸른 점에 둥둥 떠다니는 하찮고, 유한하고, 자의적인 존재일 가능성을 직시하는 일은 존재에 대한 우울한 관점처럼 보일 수 있다. 그렇다고 해서 당신이 매일 부조리함에 대해 곱씹으며 산책을 하는 건 아니겠지만, 그것에 대해 생각하는 일은 오랜 여운을 남긴다. 톨스토이가 《고백록》에 썼다시피 "이미 알게 된 것을 알기 이전 상태로 되돌릴 수는 없다."[21] 인간의 삶에 내재된 우주적 가치가 없을 가능성에 한번 눈을 뜨고 나면 당신은 절대 그 점을 완전히 망각하지 못한다. 퇴로가 없으니 전진하는 수밖에 없다. 다행히 이를 알고 있는 상황에서도 즐겁게 애쓰고, 창조하고, 살아갈 방법이 있다. 앞으로 살펴보겠지만 당신은 자신이 마음껏 동원할 수 있는 도구를 가지고 바로 여기, 지금 이 순간, 더 의미 있는 삶을 빚어낼 수 있다.

하지만 대부분의 사람들은 상황을 직시하기보다는 회피하기 위해 딴 짓에 몰두한다. 바로 이를 위해 온갖 산업이 등장했다. 당신이 부조리함을 상대하고 싶지 않다면, 셀카와 페이스북 '좋아요'에서부터, 지금 당장 다운로드할 수 있는 오락거리와 기분 전환용 쇼핑에 이르기까지, 백만 가지 방법으로 우주에게 거부당한 당신 자신을 위로하고 마음껏 나 몰라라 할 수 있다. 따라서 인생이 우주적 차원에서 의미 없을 수 있다는 성가신 의식을 가지고 살아간다고 해서 그것이 인생의 유의미함에 대한 노골적인 거부로 직결되지 않는 경우가 많다. 그보다는 불편함, 방어적인 태도, 불안 같은 모호한 감정들이 당신의 삶과 개인적인 목표 및 가치를 둘러싸는 경우가 더 일반적이다. 일이 잘 돌아가는 한 당신은 실존적 의문을 잠시 잊을 수 있을 것이다. 하지만 관계, 건강이나 경력 같은 것들이 악화되고 당신의 고통에 의미를 부여하는 안정되고 든든한 기틀이 흔들릴 때 당신은 여태껏 좇던 가치의 불안정함과 흐릿함을 뼈아프게 의식하게 된다. 이 때문에 교란 전략은 실존적인 질문에 대한 장기적 해법이 될 수 없다.

이 공백을 채우기 위해 우리 문화가 만들어낸 많은 교란 방법 중에서 가장 일반적인 이데올로기는, 당신이 행복할 필요가 있다는 것이다. 하지만 행복의 추구에는 역설이 있는데, 다음 장에서 이 문제를 다룰 것이다.

(내 생각에) 자신의 행복이 아닌 다른 사람의 행복에, 인류의 진보에, 심지어는 수단으로서가 아니라 이상적인 목적으로서 예술 그 자체를 추구하는 행위에 전력을 다하는 사람들만이 행복하다. 그러므로 행복은 행복이 아닌 다른 것을 추구하는 과정에서 발견하는 것이다.

― 존 스튜어트 밀, 《자서전》, 1873

03

행복해야 한다는 강박

한때 의미에 대한 선조들의 갈증을 잠재워줬던 거대한 이야기와 관계가 단절되고 난 뒤, 우리는 심리학적 고찰을 통해 인간의 존재 상태를 고통을 회피하고 쾌락을 추구하는 단순한 모델로 축소시켰다. 행복은 노력해서 거머쥘 만한 가치가 있는 삶의 유일한 목표가 되어, 과거 초월적 가치가 채우던 공간을 차지했다. 오늘날 행복은 서구 문화에서 가장 칭송받는 삶의 목표 중 하나가 되었다. 그리고 행복은 거대 산업이기도 하다. 2000년에 출간된 행복에 관한 책은 50종에 불과했지만, 8년 뒤에는 약 4000

종으로 치솟았다.[22] 오늘날 대기업들은 행복총괄책임자를 고용해 직원들의 복지에 힘쓰고, 병 안에 든 행복을 보장하는 청량음료와 향수 같은 제품들이 출시되기도 한다.

    각국 정부도 사람들의 행복에 점점 더 많은 관심을 기울이고 있다. 국민들이 스스로 얼마나 행복하다고 느끼는지를 기준으로 156개국의 순위를 매기는 〈세계행복보고서〉가 2012년에 처음으로 발표된 이래 큰 관심을 받는 연례행사가 되었다. 히말라야의 작은 왕국 부탄은 1970년대 이후로 정부의 목표가 국민총생산이 아닌 국민총행복 증진이라는 주장을 내놓고 있다. 잡지 기사, 책, 노래, 광고와 판촉 캠페인, 학계 연구 등 어디를 돌아보든 행복이라는 주제에 몰두하고 있다. 누구나 지금 이 순간 좋은 기분을 만끽할 권리가 있다는 평등주의에 기반한 오늘날의 행복 개념은 거의 집착의 대상이 되어, 이제 행복을 추구하는 행위는 개인의 권리일 뿐만 아니라 책임이라는 식으로 과대 포장되고 있다.

    '행운' 또는 '기회'를 뜻하는 중세 영어 단어 'hap'에서 유래한 행복이라는 단어는 원래 내적인 안녕보다는 상황이 좋아짐과 행운에 더 가까운 의미였다.[23] 이탈리아어에서 스웨덴어에 이르기까지 '행복한'에 해당하는 유럽어의 절대적인 다수는 원래 '운이 좋은'이라는 의미였다. 가령 행복이라는 뜻의 핀란드어 'onnellisuus'는 '운이 좋음'을 의미하는 'onnekkuus'와 어원이 같다. 그리고 'glück'이라는 독일어는 오늘날 '행복'과 '기회'라는 뜻을 모두 가지고 있다. 이처럼 원래의 정의에서 행복은 우리가 통제할 수 없다는 점에서 우연에 더 가까운 것으로 이해되었다. 그것은 신의 손이나 숙명에, 또는 초서의 《캔터베리 이야기》에 나오는 수사의 말처럼 운명의 여신에게 달린 일이었다. "이렇게 운명의 여신의 수레바퀴는 인간의 기대와 어긋나게 돌아가고, 사람들을 기쁨에서 슬픔으로 떨어뜨린다."[24] 대문자 F로 시작하는 운명, 또는 운명의 여신Fortune은 신의 손에 달린 일이지, 인간의 행동과 감정 상태와는 완전히 무관한 불가항력적인 힘이었다. 외부 환경의 힘을 이렇게 강조한 것은 당시 사람들이 오늘날에 비해 내면 감정에 훨씬 관심이 없었

다는 의미로 이해할 수 있다.[25]

17세기와 18세기를 지나면서 행복은 외적인 번영에 대한 것에서 내적인 감정 혹은 존재 상태로 서서히 진화하기 시작했다.[26] 토머스 제퍼슨이 독립선언문에서 "삶과 자유, 행복의 추구"에 대한 유명한 말을 했을 때, 그가 의미한 행복에도 번영의 잔향이 남아 있을 가능성이 높았다. 그 이후로 행복은 긍정적인 내적 감정 또는 긍정적으로 자신의 삶을 경험하는 경향을 일컫게 되었다.

따라서 이 새로운 정의는 또 다른 중요한 돌파구였다. 우리는 사람들이 행복**해야 하고**, 행복은 삶에서 추구할 만한 가치가 있는 무언가라는 생각을 내놓게 된 것이다.[27] 처음에는, 가령 미국 독립선언문에서 성문화했듯이, 행복은 사회의 목표가 되었다. 하지만 1960년대 이후로 서구 사회에서 행복은 점점 개인의 목표이자 책임으로 인식되었다. 이에 따라 행복은 문화적 규범이자 자명한 삶의 목표가 되었다.[28] 우리가 행복해지고 싶어 하는 것은 우리 문화가 우리에게 행복해야 한다고 말하기 때문이다. 우리가 학습한 도덕률에서는 사람의 양호함을 그 사람이 얼마나 좋은 기분을 느끼는지를 가지고 판단한다. 행복은 우리 시대의 숭배의 대상이자, 우리 모두가 손에 넣기 위해 애써야 하는 이상이 되어버렸다.

행복은 그저 감정일 뿐이다

하지만 문제가 한 가지 있다. 행복은 그저 감정에 불과하다는 점이다.[29] 행복은 다량의 긍정적인 감정 또는 자신의 삶의 조건과 경험에 대한 일반적인 만족감이다. 그리고 불쾌한 인생 경험보다는 유쾌한 경험을 많이 하는 게 좋긴 하지만 행복은 그 자체로 지속적인 의미를 제공하지 않으며 실존적인 문제를 피하는 방법도 아니다.

이 세상에는 행복을 대수롭지 않게 여기는 곳이 많다. 나는 중국인 심리학 교수와 이 문제를 놓고 오랜 토론을 벌인 적이 있는데, 그는 자기 부모 세대에게 개인적 행복은 전혀 중요하지 않았다고 설명했다. 오히려 그와 정반대였다. 개인적으로 불행한 것은 명예의 상징과도 같았다는 것이다. 이는 그 사람이 가족이나 나라를 위해 희생했음을 보여주었기 때문이다. 그리고 이런 희생은 행복이라는 덧없는 기분보다 훨씬 더 가치가 있는 것으로 인식되었다. 이를 반영하듯, 2004년부터 진행된 한 연구는 미국인과 중국인 학부생들에게 "행복이란 무엇인가?"라는 질문을 읽고 떠오르는 대로 짧은 에세이를 써달라고 요청했다.[30] 많은 미국 학생들이 행복은 인생 최고의 목표라고 강조한 반면, 중국 학생들은 행복의 가치와 그것을 추구하는 행위에 대한 그런 강렬한 진술을 하지 않았다. 그러므로 행복은 자명한 목표가 아니며 그 중요성은 문화에 따라 달라질 수 있다는 점을 눈여겨볼 필요가 있다.

또한, 행복을 삶의 목표로 삼을 경우 역효과를 가져오기 쉽고 이미 손에 넣은 행복을 축소시킬 수 있다. 《행복의 지도》에서 에릭 와이너가 인터뷰한 신시아라는 여성은 정착할 곳을 정하기 위해, 지도를 펼쳐놓고 자신이 어디에서 가장 행복하게 살 수 있을지 따져보기로 결심했다.[31] 그녀는 문화가 풍부하고, 음식이 그럭저럭 괜찮고, 자연, 가능하다면 산과 가까운 곳에서 살고 싶었다. 결국 그녀가 선택한 곳은 노스캐롤라이나 애시빌이었는데, 그곳은 산과 자연에 둘러싸인 작지만 문화적인 도시였다. 하지만 와이너가 신시아에게 애시빌을 집이라고 생각하느냐고 묻자 그녀는 망설였다. 그녀에게 애시빌은 다양한 기준을 거의 충족시켰지만 최적은 아니었다. 그녀는 아직도 물색 중이었다. 애시빌에서 3년을 살았지만 '당분간 머무는 집'으로 여겼다. 와이너는 어째서 "신시아 같은 쾌락주의적인 떠돌이들과 많은 미국인들, 그리고 우리의 행복을 좇는 끝없는 몸부림이 문제인지"를 설명한다. "우린 지금도 충분히 행복할 수 있지만 항상 내일이, 더 행복한 장소와 더 행복한 삶의 가능성이 존재한다. 그래서 모든 선택지가 테이블 위에 오르게 된다. 우리는 절대 완전히 전념하지 않는다." 그는 이어서 이렇게 말한다. "나는 그게 위험하다고 생각한다. 항상 한쪽 발을 문 밖에 내놓고 있으면 장소나 사람을 사랑할 수 없다."[32]

　와이너가 인터뷰했던 사람들은 일상적인 환경에서 최대의 행복을 얻으려다 보니 인생을 있는 그대로 즐기는 능력을 잃어버리고 그 무엇에도 전념하지 못했다. 행복을 추구하다가 오히려 역효과가 날 수 있는 상황을 보여주는 사례는 결코 이것만이 아니다. 심리학 연구는 자신의 행복을 극대화하는 데 너무 전념하는 사람들이 오히려 인생을 즐길 줄 모른다는 점[33]뿐만 아니라 개인적인 행복에 전적으로 초점을 맞추는 것이, 역시 진정한 행복의 원천이기도 한 그 사람의 사회적 관계를 망쳐놓을 수도 있음을 보여준다.[34] 결국 모두가 행복해야 한다는 지배적인 문화 규범은 실은 우리가 어찌할 수 없는 인생의 불행한 순간들을 더 견디기 힘들게 할 뿐이다.[35] 그러므로 불행한 기분은 이중부담이 된다. 당신은 불행하다고 느낄 뿐만 아니라, 항상 행복을 앞세우는 문화적 규범에 맞춰 살지 못했다는 죄책감을 느끼게 된다.

　행복이 우리가 생각하는 그런 중요한 삶의 목표가 아

니라면 어떻게 될까? 우리가 사랑, 우정, 성취, 자기표현 능력 등을 높이 평가하는 것은 그것들이 우리에게 긍정적인 기분을 주어서가 아니라 우리 삶을 풍요롭게 해주기 때문이다. 우리는 그것들이 그 자체로 가치 있다고 생각한다.[36] 가령 우정의 장점은 그 우정이 주는 긍정적인 감정의 총량으로 환원할 수 없다. 우정의 가치는 가령 친구가 많이 아프거나 어려운 상황에 처해 있어서 도움이 필요할 때 특히 빛을 발한다. 항상 재미있을 수는 없지만 우리의 도움이 서로의 삶을 풍요롭게 해주리라는 점을 알고 있기에, 어려운 시기에도 친구를 중요하게 생각한다. 인간은 복잡한 존재다. 우리는 살면서 단순히 긍정적인 감정을 느끼는지 여부보다는 훨씬 더 많은 것을 신경 쓴다.[37] 행복은 충분히 좋은 경험이지만, 그것을 유일한 삶의 목표로 삼는 것은 우리가 인생에서 정말 중요하게 여기는 것들의 풍요로움에 대한 모독이다.

　우리 문화에는 행복해야 한다고 자꾸 일깨우는 메시지들이 너무 많아서 행복이라는 목표를 포기하기가 어렵다는 말을 하기도 한다. 텔레비전을 켜보라. 특히 광고 시간대에. 거기에는 행복을 패키지 상품으로 파는 건강하고 아름답고 미소 짓고 있는 사람들로 가득하다. 이런 거짓 예언자에게 속아서는 안 된다. 더 행복해질 수 있다는 헛된 희망 때문에 인생에서 좋은 것들을 희생해서는 안 된다. 행복은 감정에 불과하다. 그 이상도 이하도 아니다. 그 자체로 진정한 가치가 있는 게 아니라, 가치 있는 무언가를 손에 넣었을 때 딸려오는 사은품 같은 것이다. 그러므로 개인적인 행복의 추구는 어떻게 우리 삶을 진정으로 가치 있고 의미 있게 만들 수 있을까라는 질문에 대한 답으로는 부족하다.

행복과 헤비메탈이 무슨 상관?

〈세계행복보고서〉는 2018년과 2019년 2년 연속으로 핀란드를 세계에서 가장 행복한 나라로 평가했다.[38] 전 세계를 대상으로 전반적인 삶의 만족도를 측정할 때마다 핀란드와 스웨덴, 노르웨이, 덴마크, 아이슬란드 같은 북유럽 국가들이 상위 10개국에 오르고 상대적 안정감, 안전, 자유에서도 최고 수준을 자랑한다. 핀란드는 기온이 일상적으로 영하로 떨어지고, 어떤 마을은 긴 겨울 내내 한없는 어둠 속에 갇히는 나라다. 그런데 그곳엔 뭐가 있기에 핀란드 사람들은 그렇게 행복한 걸까? 알고 보니 많은 헤비메탈 음악이 있었다.

헤비메탈은 부당한 평가에 시달리는 음악 장르이지만 핀란드에서는 그렇지 않다. 팝음악이 사랑의 여름날을 의미한다면 헤비메탈은 칙칙한 사촌격이다. 어둡고 추운 겨울로 유명한 핀란드는 세계에서 1인당 헤비메탈 밴드가 가장 많은 나라답게 인구 10만 명당 약 63개의 밴드가 있다.[39] 핀란드에서 헤비메탈은 주류 라디오 방송국과 동네 노래방을 모두 지배하는 제왕이다. 핀란드에서 모든 시대를 통틀어 가장 많이 팔리는 예술가 중 하나인 '칠드런오브보덤'이라는 밴드는 헬싱키에서부터 리우데자네이루에 이르기까지 가는 곳마다 공연이 매진된다. 흥미롭게도 많은 행복한 헤비메탈 팬들의 핀란드는 세계에서 1인당 헤비메탈 밴드 수가 가장 많은 나라이고, 좋은 거버넌스로 상위권에 있는 나라입니다. 둘 사이에 상관관계가 있는지는 모르겠지만요.

— 버락 오바마 미국 대통령, 2016년 북유럽 정상회담에서 한 말

성지인 핀란드에 사는 사람들은 삶의 만족도가 높지만 우울한 모순적인 상태에 있다.

2019년 〈세계행복보고서〉는 갤럽월드폴의 설문조사를 근거로 156개국 사람들에게 "요즘 자신의 삶을 최악 0점부터 최고 10점 사이에서 평가해달라"고 요청했다.[40] 이 문항에서 핀란드 사람들은 세계에서 평균적으로 가장 높은 점수로 답했다. 핀란드는 우리가 연구를 통해 삶의 만족도에 중요하다고 알고 있는 사회적 요인들, 즉 생계를 유지하기 위해 매일 발버둥 칠 필요가 없음, 광범위한 사회 서비스, 억압으로부터의 자유, 정부에 대한 신뢰 등이 월등하게 높은 수준이라는 점에서, 이런 결과는 전혀 놀랍지 않다.[41]

하지만 행복에는 삶의 만족도 이상의 무언가가 있다. 어떤 사람들은 행복이 긍정적인 감정을 넘어서는 것이라고 말하기도 한다. 하지만 사람들이 긍정적인 감정을 얼마나 많이 경험하는지를 살펴보면 뜻밖의 결과가 나온다. 파라과이, 과테말라, 코스타리카 같은 나라들이 지구상에서 가장 행복한 곳으로 등극한다.[42] 반면 핀란드는 정상에 한참 못 미치는데,

핀란드 사람들이 감정을 쉽게 드러내지 않는 내향성과 겸손함으로 명성이 자자하다는 사실을 감안하면 별로 놀라운 일도 아니다. 핀란드에는 내성적인 사람은 대화할 때 자기 신발을 쳐다보고 외향적인 사람은 상대방의 신발을 쳐다본다는 오래된 농담이 있을 정도다.

우울증 발병률을 보면 상황은 훨씬 더 복잡해진다. 단극성 우울 장애의 1인당 발병률에서 미국과 핀란드는 상위권을 차지한다.[43] 우울증의 국가 간 비교에는 상당한 단점이 있고 핀란드의 우울증 발병률이 유럽 평균에 가깝다고 보는 연구도 있긴 하지만[44] 분명한 사실은 핀란드가 우울증 예방에서 세계 최고 수준은 아니라는 점이다. 이 때문에 역설적이게도 핀란드의 삶의 만족도와 우울증 발병률이 동시에 높을 수 있는 것이다.

결국 이 모든 것이 행복이라는 것은 실체가 없다는 결론으로 압축된다. 사람의 감정은 복잡하다. 삶의 만족도는 긍정적인 감정과 다르고, 긍정적인 감정은 부정적인 감정 및 우울감의 부재와 다르다. 행복이 긍정적인 감정이 아주 많은 것이라면(그것을 드러내는 것은 일단 차치하고) 핀란드는 가장 행복한 나라가 아니다. 행복이 우울감의 부재라면 핀란드는 가장 행복한 나라가 아니다. 하지만 행복이 자신의 삶의 조건에 대한 전반적인 만족이라면 핀란드는 다른 북유럽 국가들과 함께 지구상에서 가장 행복한 나라라고 봐도 무리가 없을 것이다.

뿐만 아니라 핀란드 사람들의 안녕에서 헤비메탈 음악의 중요성을 무시한다면 부주의한 태도일 것이다. 국민들의 겸손함을 자랑으로 여기는 나라에서 헤비메탈 음악은 이런 내성적인 성격에 맞서 카타르시스적인 해방감을 준다. 또한 부정적인 감정을 표현하고, 그것을 억누르려 하기보다는 비명과 함께 날려 보낼 수 있는 통로를 제공한다. 어쩌면 우리가 느끼는 것보다 더 중요한지도 모른다. 사람의 정서적 건강을 위해서는 여러 가지 다양한 감정을 경험하는 것이 좋다. 많은 헤비메탈 노래에 들어 있는 카타르시스적인 분노 같은 부정적인 감정이라고 해서 억누르는 것은 별로 좋은 생각이 아니고, 오히려 사람들이 잘 지내지 못하게 할 수 있다.[45] 부정적인 감정의 표현을 억누르기만 하는 문화는 건강하지 못하고 사람들의 안녕에 해로운 영향을 미칠 수 있다. 따라서 모든 종류의 감정을 표현할 수 있는 방법을 찾는 것이 중요하다. 그리고 헤비메탈은 그런 감정들을 비명과 함께 날려 보낼 수 있는 훌륭한 방법일 수 있다. 헤비메탈 팬이 눈으로 뒤덮인 숲 속에서 마구 소리를 지를 때 그 소리를 들을 사람이 있을까? 누가 듣건 말건 그 사람은 억지로 미소를 지어야 하는 긴장감에서 벗어나 자기 자신과 감정에 더 충실하게 될 것이다.

돈 문제가 아니다

사람들은 종종 행복을 금전적인 성공과 동일시하는 실수를 저지른다. 이런 사고는 당신이 개인적인 행복의 열쇠라고 확신하는 상품을 판매하는 기업들과 광고회사에만 유리할 뿐이다. 연구에 따르면 소득이 낮은 계층에게는 돈이 행복감을 느끼는 데 상당한 영향을 미친다. 월세나 식료품비 같은 기본적인 필요를 충족하는 데 비용을 지불할 수 없는 사람들은 지불 능력이 있는 사람들에 비해 삶에 대한 만족도가 상당히 떨어진다. 이런 경우 추가 소득이 발생하면 상황이 크게 바뀔 수 있다. 하지만 기본적인 필요가 충족되고 나면 돈이 행복에 미치는 직접적인 영향은 점점 감소한다.[46] 몇몇 연구는 소득 사다리에서 어떤 지점을 지나면 부가적인 행복은 아주 미미하거나 전혀 없음을 보여주었고, 최근의 한 연구는 심지어 어떤 지점을 지나고 나면 사람들의 긍정적인 감정과 삶의 만족도가 줄어들기 시작한다는 결론을 내리기도 했다.[47]

북미의 경우 삶의 만족도는 9만 5000달러, 긍정적인 감정은 6만 달러가 전환점이 된다. 서유럽의 경우는 10만 달러/5만 달러가 전환점인 반면, 동유럽의 경우는 삶의 만족도는 4만 5000달러, 긍정적인 감정은 3만 5000달러밖에 안 된다. 게다가 대다수 산업국가가 상당한 경제적 발전을 이루었지만 이것이 더 많은 행복으로 이어지지는 않았다. 미국의 사회심리학자 조너선 하이트는 이런 결과를 다음과 같이 요약했다. "많은 산업국가에서 지난 50년 간 부의 수준이 두세 배 늘어나는 동안 사람들이 느끼는 행복과 삶의 만족도는 변함이 없었고, 우울증은 사실상 더 흔해졌다."[48] 사람들이 새로운 부의 기준선에 적응하고 나면 처음의 행복은 소멸된다. 안락함을 주는 새로운 물건들이 표준이 되고 시간이 갈수록 당연시되다가 최신 기기나 사치품이 새로 출시되어 사람들의 관심이 모두 그쪽으로 쏠리면 수명이 끝나는 것이다.

다들 겉으로는 소비주의와 물질주의를 삶의 목표로 삼지 않는다고 말할지 모른다. 보통 우리는 질문을 받으면 그보다 더 원대한 무언가가 삶의 동기라고 말한다. 하지만 속사정을 들여다보면 이야기가 달라진다. 인정하고 싶지 않겠지만 많은 사람이 행복의 약속은 항상 손에 닿는 곳에서 조금 떨어진 곳에 있는 쾌락의 쳇바퀴에 중독되어 있다. 척 팔라닉이 《파이트 클럽》에서 썼듯이 "젊고 원기왕성한 남성과 여성들은 무언가에 자신의 삶을 바치고 싶어 한다. 광고는 이들에게 필요하지 않은 자동차와 옷을 사게 만든다. 세대가 바뀌어도 젊은이들은 정말로 필요하지 않은 것을 사기 위해, 자신이 증오하는 일을 한다."[49]

광고업은 단 한 가지 목표를 가진 20억 달러짜리[50] 선전기구다. 그 목표는 바로 당신이 살고 있는 지금의 삶이 부족하다고 느끼게 만드는 것이다. 그리하여 당신은 지금 가진 것으로는 충분치 않다고 느끼게 된다. 소비주의는 당신이 자신의 삶에 만족하는 순간, 당신이 "난 아무깃도 필요 없어. 이미 원하는 모든 걸 가지고 있어"라고 말하는 순간 멈춰 선다. 이는 기독교와 불교 등 많은 종교의 교리들이 우리를 이끌어가고자 하는 상태다. 하지만 이 세속의 시대에는 누구도 만족스러운 상태에 이르지 못하게 하는 메시지에 수십억 달러를 쓰는 게 더 낫다는 게 일종의 신앙이다.

그 어느 때보다 오늘날의 우리는 워낙 많은 경쟁 상품의 선택지에 노출되어 있어 행복의 함정에 빠지기가 쉽다.

우리는 좋은 것도 도가 지나치면 해가 되거나 중독될 수 있음을 알면서도 자유와 선택이라는 개념을 중요하게 여긴다. 선택지가 많으면 많을수록 오히려 선택하기 어렵다는 것은 현대 생활의 아이러니가 아닐 수 없다. 가능하기만 하다면 사람들은 선택을 피하고자 한다. 심리학자 배리 슈워츠는 이 기이한 상황을 '선택의 역설'이라고 일컫는다. 지나치게 많은 선택지는 행복감을 떨어뜨릴 수 있는데도 우리는 선택을 중시하고 갈망한다.[51] 우리 선조들은 이런 딜레마와 싸울 필요가 없었다. 선택 가능한 맛있는 음식이 너무 많은 상황보다는 먹을 게 부족한 상황이 훨씬 흔했다.

일상 속에서 선택의 폭격을 관리하는 가장 좋은 방법은 노벨 경제학상 수상자 허버트 사이먼을 따라 슈워츠가 만족 추구자라고 부른 유형의 사람이 되는 것, 그러니까 자신의 선택을 평가하고, 만족스럽거나 "충분히 괜찮은" 선택지를 고른 뒤 그다음 단계로 나아가는 것이다.[52] 뭔가를 구매하거나 결정할 때 온갖 세부 사항에서 최상의 선택을 하려고 애쓰지 마라. 그렇게 했다가는 스트레스와 후회, 불만만 늘어날 뿐이다.[53] 당신은 그 시간과 에너지, 자원을 가지고 더 훌륭한 일들을 할 수 있다. 하지만 광고의 지속적인 폭격이 우리가 생각하는 바람직한 삶에 영향을 미치는 것을 막기 위해서는 훨씬 강력한 내면의 나침반이 필요하다. 당신은 광고로 가득한 사회에서도 지조를 지킬 수 있을 정도로 강력하고 두드러진 가치와 삶의 목표를 직접 선택할 필요가 있다. 이를 위해서는 무엇이 당신의 인생을 의미 있게 만들어주는지를 파악하는 것이 큰 도움이 된다. 번드르르한 겉모습의 이면에는, 그리고 값비싼 신상을 샀든 못 샀든, 어쩌면 당신에게는 삶을 의미 있게 만들어줄 수 있는 것이 많을지 모른다.

인생을 두려워하지 마라.
인생이 살 만한 가치가 있다고 믿어라.

그러면 당신의 믿음이
사실을 창조하는 데 도움을 줄 것이다.

— 윌리엄 제임스, 《인생은 살아야 할 가치가 있는가》, 1897

04

당신 인생에는
이미 의미가 있다

사람들은 대부분의 환경에서 아무리 실존적인 의심이 사라지지 않는다 해도 자신의 삶이 상당히 의미 있다고 느낀다. 내가 인생의 유의미함에 대한 심리학 연구의 선도적 전문가인 로라 킹 교수에게 이 주제에 대한 책을 쓰는 중이라고 이야기했더니, 그녀는 포틀랜드 컨벤션센터의 복도에서 나를 부드럽게 옆으로 끌고 가 사려 깊음이 느껴지는 조언을 했다. "사람들에게 인생이 아무 의미도 없다고 말하지 말아요. 그렇게 말하면 무책임한 거예요. 수십 년의 가치를 가진 연구가 그와 정반대라는 걸 보여주고 있으니까요." 2014년 《아메리칸 사이콜로지스트》에 발표된 중요한 논문에서 킹과 러트거스대학교의 교수인 서맨사 하인첼만은 사람들이 평균적으로 얼마나 자주 유의미함을 경험하는지를 알아보기 위해 다양한 설문조사들과 다른 근거들을 검토했다.[54] 결과는 자주 경험한다는 것이었다. 50세 이상의 미국인을 대상으로 폭넓게 진행된 설문조사에서 인생이 의미 있다고 느끼는지를 물었는데, 95퍼센트가 그렇다고 대답했다.[55]

또 다른 조사에서는 대규모 전국 단위 인구 표본을 대상으로 "나의 인생에는 분명한 목적의식이 있다"와 같은 구체적인 진술에 동의하는지를 1점(전혀 그렇지 않다)부터 5점(완전히 그렇다)까지 5점 척도로 평가해달라고 요청했다. 평균 점수는 상당히 높은 3.8점이었다.[56] 이런 경향은 미국 밖으로도 확장된다. 앞서 언급했듯 갤럽월드폴이 132개국 14만 명을 대상으로 "인생의 중요한 목적이나 의미가 있는지"를 물었더니 91퍼센트가 그렇다고 대답했는데, 이 비중은 일부 극빈국에서 훨씬 높게 나타났다.[57] 그 외 여러 연구는 암과 싸우는 등 건강 문제를 겪고 있는 사람들도 여전히 자신의 인생이 의미 있다고 여긴다는 사실을 보여준다.[58] 킹과 하인첼만은 "인생 안에서의 의미에 대한 전통적인 척도 및 새로운 척도를 사용한 다량의 대표 샘플과 연구에서 얻은 증거는 동일한 결론, 즉 인생은 상당히 의미 있다는 결론을 강력하게 가리키고 있다[59]고 말했다."

존재의 부조리함에도 불구하고, 또한 우주적 관점에서 볼 때 인생은 하찮고 일시적이고 자의적이라는 사실에도 불구하고, 많은 사람들은 대부분의 시간 동안 자신의 삶이 의미 있다고 경험하는 것으로 보인다. 그들이 착각하는 거라고 말해야 할까? 철학자들과 심리학자들에게 이 내재적인 역설은 선택의 기로가 되곤 한다. 어떤 철학자들은 사람들이 자신의 삶을 높이 평가하는 것은 잘못이고 존재의 부조리함을 그들에게 적나라하게 드러내 보여야 한다고 주장하고 싶어 한다. 반면 심리학자들은 사람들의 평가를 액면 그대로 받아들이는 경향이 있다. 만일 어떤 사람이 자신의 인생이 의미 있다고 느낀다면 그 인생은 정말 의미가 있는 거다. 나는 로라 킹 교수와 심리학자들의 편에서, 대부분의 경우 자신의 삶이 의미 있다고 말하는 사람들을 믿어야 한다는 주장을 받아들이긴 하지만, 이 역설의 뿌리를 들여다보는 것 역시 중요하다.[60]

인생이 부조리하다는 점과 사람들은 여전히 자신의 인생에서 높은 수준의 의미를 경험한다는 사실 간의 역설은 상당 부분 의미라는 문제를 제대로 이해하지 못한 데서 비롯된 결과다. 좀 더 정확히 말해서 우리는 두 가지 별개의 문제를 혼동한다. 이 중 한 문제에 대해선 답을 찾지 못한 듯하고, 따라서 이 문제 앞에 서면 일반적으로 실존적 위기에 봉착하게 된다. 하지만 또 다른 문제에는 아직 인생을 긍정하는 견고한 대답이 있고 이를 통해 인생에서 의미를 경험할 수도 있다. 그전에 우리는 첫 번째 질문—"인생의 의미란 무엇인가?"—이 실은 지난 200~300년 전에야 등장한 서구 사상의 역사적 산물이라는 사실을 알아둘 필요가 있다. 시대가 바뀌었음에도 불구하고 우리는 여전히 폐기된 낡은 세계관에서만 유효하던 부류의 의미를 찾고 있다. 그러므로 서구 사회의 지성사를 염두에 두었을 때 오늘날 우리가 겪는 의미의 위기는 이해할 만한 오류다. 하지만 여전히 교정이 필요한 것도 사실이다.

이 교정은 다음 장에서 시작할 것이다. 그전에 우리는 먼저 인간이 어째서 애초에 의미를 추구하기 시작했는지를 이해할 필요가 있다.

성찰하는 인간이 치러야 할 뜻밖의 대가

인간을 가장 가까운 유인원 사촌들 중에서도 도드라지게 만드는 핵심적인 신체 특징 중 하나가 뇌의 용량이다. 약 200만 년 전 우리 조상들의 뇌는 약 393~606cc였다. 현생 인류의 뇌는 약 1196~1294cc다.[61] 과학자들이 인지혁명이라고 불렀고, 유발 하라리가 "지식나무 돌연변이"[62]라고 한 이 극적인 성장은 결국 직립보행을 하는 벌거벗은 유인원을 그 동물 사촌들로부터 분리시켰다. 무엇 때문에 인간

행복을 위해 노력한다는 점에서
인간은 다른 많은 생명체와 유사할 수 있지만, 의미의
탐색은 우리를 인간으로,
아주 독특한 존재로 만들어주는
핵심적인 부분이다.

— 로이 바우마이스터, 〈행복한 인생과 의미 있는 인생의 몇 가지 중요한 차이〉, 2013

종의 뇌가 이렇게 급격하게 마치 군비 경쟁을 하듯 커지게 되었는지, 그리고 이 새로운 정보 처리 능력 덕분에 어떤 독자적인 능력-언어, 협력, 문화, 종교 등-을 갖게 되었는지에 대해서는 다양한 이론이 있다. 여기서는 인간이 성찰을 할 수 있게 되었다는 한 가지 특징에만 집중해보자.

성찰은 자신의 삶을 제3자의 시선으로 바라보는 능력이다. 우리는 지금 이 순간에 무슨 일이 벌어지든 즉각적으로 반응하거나 대응하기보다는 그 상황에서 잠시 벗어나 생각할 능력이 있다. 우리는 지난 행동을 돌아볼 수 있고 미래를 예측할 수 있으며, 동시에 두 가지 정보 집합을 결합해서 지금 어떻게 행동해야 할지 의식적인 결정을 내릴 수 있다.

성찰 능력은 인간의 고유한 도구이고, 지금 이 순간에 갇혀서 다음 10년은 고사하고 다음 날 계획조차 세우지 못하는 다른 동물로부터 인간을 차별화한다.[63] 인간은 여전히 동물적 본능을 갖고 있지만, 이런 충동을 제어하고 가령 지금으로부터 며칠, 몇 달, 또는 몇 년 뒤에나 보상받을 수 있는 장기적 목표에 집중하게 만드는 두뇌 역시 갖고 있다. 성찰은 계획, 집단행동, 장기적인 목표 설정을 가능하게 하고, 이는 인간이 예술작품, 건축물, 도구 등 다른 동물들은 상상할 수 없는 것들을 창조할 수 있게 해주었다. 파리 노트르담 대성당을 짓는 데 약 200년이 걸렸다. 이런 기념비적인 건축물은 인간이 존재하기 전에는 지구상에서 볼 수 없었던 창의적인 잠재력의 증거다.

하지만 성찰은 미래의 계획을 세우고 거대한 프로젝트를 실행하는 데만 국한되지 않는다. 우리가 과거와의 관계 속에서 삶의 유의미함을 더욱 강화할 수 있게 해준다. 철학자 안티 카우피넨은 "인생은 과거를 토대로 삼음으로써 일종의 진보하는 서사의 형태를 갖추게 된다"[64]라고 주장했는데, 이는 고립된 일화들로 구성된 인생보다는 더 유의미한 것 같다. 신경심리학자들도 같은 의견이다.

노스웨스턴대학교에서 84명의 참가자들을 대상으로 한 신경촬영 연구는 과거 또는 미래를 경험하는 정신적 시간여행과 관련이 있다고 알려진, 중앙측두엽 네트워크의 연결성 증가가 인생에서 얼마나 많은 유의미함을 경험하는가에 대한 사람들의 의사 표현과 상관관계가 있음을 보여주었다.[65] 그러므로 옛일을 되짚는 추억여행은 향수와 함께 인생이 의미 있다는 벅찬 기분을 제공할 수 있다. 우리는 미래에서 의미를 찾을 수 있도록 독특하게 조절되어 있기도 하다. 성찰은 희망을 가능하게 한다. 우리는 더 나은 세상을 상상하고 그것을 현실로 옮기기 위한 계획을 세울 수 있다. 미래의 소중한 목표는 종종 오늘의 노력을, 심지어는 사투를 의미 있게 만들곤 한다. 가치 있는 무언가가 미래에서 우리를 기다리고 있다는 믿음과 희망을 간직할 수 있다면 우리는 오늘의 시련과 고통을 훨씬 더 잘 견딜 수 있다.

하지만 이 모든 성찰 능력에는 대가가 있다. 이 때문에 우리는 다른 대부분의 동물에게 추진력이 되는 본능적인 목표에 안주하지 못한다. 우리가 과거를 향해 뒤로, 그리고 미래를 향해 앞으로 확장되는 세상에 놓여 있다는 사실은 축복이지만 동시에 저주이기도 하다. 우리는 먼 미래에 일어날 수도 있고 일어나지 않을 수도 있는 일 때문에 계획을 세우고 걱정을 한다. 지나간 일을 생각하고 또 생각하면서 오래된 상처를 다시 헤집거나 추억을 보듬는다. 대부분의 다른 동물과 비교했을 때 우리의 문제는 어떤 일을 하다가 갑자기 멈춰 서서 일종의 자기성찰에 빠져 '무슨 의미가 있지? 내가 왜 이 일을 하고 있는 거지?'라고 자문할 수 있다는 점이다.

그러므로 성찰은 정당화의 필요를 만들어낸다.[66] '왜?'라는 의문이 등장할 때 우리에게는 만족스러운 답변이 필요하다. 우리는 우리의 행위를 곰곰이 성찰해본 뒤에도 그것을 인정할 수 있어야 한다. 의미의 필요는 바로 여기서 시작된다. 성찰하는 동물인 인간은 행위 이면에 의미나 이유, 목적이 있다고, 그것이 어느 정도 중요하고 가치 있는 무언가에 기여한다고 느낄 필요가 있다.[67] 스스로에게 답을 내놓으려면 어떤 활동과 목표가 가치 있는지, 그리고 어떤 것은 무의미한지를 구체적으로 알려주는 기틀, 어떤 세계관 같은 것이 필요하다. 요컨대 피할 수 없는 선택의 기로에 섰을 때 우리는 우리를 가치 있는 경로로 이끌어줄 의미 있는 세계관을 바란다. 이런 의미의 기틀이 없으면 심각한 결과가 초래될 수 있다.

사회심리학자이자 정신분석가인 에리히 프롬은 2차 세계대전이 진행되는 동안 현대인들이 굴레와도 같았던 "개인주의 이전 사회의 예속에서 자유로워졌다"라고 밝혔다.[68] 많은 사람들이 이 해방을 자아실현이 가능한 자립적인 개인으로 진화하기 위한 마지막 단계라며 축하했지만 상황은 생각대로 흘러가지 않았다. 전통문화의 기틀은 때로 굴레가 되기도 했지만 인간에게 안정감, 이해할 수 있다는 느낌, 방향감각, 의미를 제공했다. 다시 말해 전통문화의 기틀은 인간에게 인생에는 의미가 있다는 확고한 기분을 선사해왔다. 하지만 이제 이런 기틀이 사라진 상태에서 사람들은 여전히 어떻게 살아야 할지, 어떻게 해야 인생이 가치 있어지는지를 알아야 했다. 안타깝게도 새롭게 해방된 문화는 적절한 또는 위로가 되는 대답을 내놓지 못했고, 이는 많은 사람에게 불안과 고립감, 근심, 방향감각의 상실을 안겼다. 해방이 실현되어야 했지만 대신 그 해방은 자유로부터의 도피에 종속되어, 사람들은 어떤 권위자든 인생의 큰 질문에 대한 확고한 대답을 기꺼이 내놓을 준비가 되어 있는 사람에게, 그러므로 그들이 그토록 절박하게 필요로 하던 안정감에 몸을 던졌다.

프롬의 분석에 따르면 현대인은 "불안감 때문에 자신의 자유를 온갖 종류의 독재자들에게 갖다 바치거나, 스스로를 잘 먹고 잘 입는 기계 안의 작은 부품으로, 그러므로 자유인이 아니라 로봇 같은 존재로 전락시켜 자유를 잃어버리기 쉽다."[69] 프롬이 보기에 이는 1930년대 유럽에서 그 잔혹성으로 맹위를 떨친 파시즘이 등장하게 된 근본적인 원인 중 하나였다. 오늘날 서구 사회의 정치 현장 곳곳에서 경악할 정도로 비슷한 현상이 나타나고 있고, 이 때문에 보편적으로 정당하다고 느껴질 뿐만 아니라 현대 사회의 냉소와 분열을 견딜 수 있는 성찰적인 기틀과 가치 체계를 만들어내야 할 필요가 더욱 절박해졌다. 그게 아니라면 불확실성과 퇴행적이고 권위적인 가치의 기틀이 득세할 텐데,

이는 18세기에 진정한 민주주의가 도래한 이후 인간이 스스로를 위해 구축한 생활양식의 중심에 있는 돌봄, 평등, 자유라는 원칙을 좀먹을 것이다.

결국 보편적으로 받아들여지는 성찰의 기틀과 가치 체계를 만들어내지 못하면 완벽할 정도로 훌륭한 인지혁명을 낭비하는 꼴이 될 것이다.

인생에서 의미를 탐색하는 기술

우리 인생이 이미 의미로 가득하다면 어째서 의미를 찾아야 할까? 이 간단한 질문은 유의미함에 대한 사고에 깃든 서양의 편견을 보여준다. 인생의 의미에 대한 심리를 연구하는 또 다른 핵심 전문가인 마이클 스테거는 인생의 의미에 대한 사람들의 **탐색**과 의미의 **존재**를 검토했고, 그 결과가 미국에서는 정반대임을 밝혔다. 인생에서 의미가 존재하면 할수록 더 많은 의미를 추구하는 경향이 줄어들었던 것이다.[70]

우리는 보통 불리한 입장에서 인생의 의미라는 문제를 다룬다. 우리가 이 문제에 관심을 갖는 것은 주로 사는 의미가 없다고 느낄 때이기 때문이다. 하지만 같은 문제를 일본에서 살펴본 스테거는 거기서는 이 둘의 관계가 모순적이지 않고 조화롭다는 사실을 발견했다. 이미 의미로 가득한 삶을 살고 있는 사람일수록 더 의미 있게 사는 법을 고민하는 경향이 강했던 것이다. 어쩌면 인생의 의미를 고민하는 이런 열린 태도가 있었기에 애당초 자신의 의미에 대한 감각을 더욱 키우는 인생의 선택을 했던 것인지도 모른다.

이런 면에서 동양의 문화가 서양에 비해 더 현명할지도 모른다. 당신이 이미 자신의 인생에 어느 정도 의미가 있다고 생각한다 해도 훨씬 좋은 의미의 원천을 탐색하는 것은 가능하며, 이는 삶을 튼튼하게 만들 때가 많다. 이는 공허함을 메우기 위한 절박한 시도가 아니라, 당신의 하루하루를 더 의미 있게 해줄 수 있는 활동, 선택, 관계와 조화를 이루는 더 많은 삶의 방법들을 찾기 위해 자신의 삶을 성찰하는 일종의 초대와도 같다. 우리는 미완의 상태에서 한 발 한 발 내딛는다. 인간으로서의 즐거움은 우리가 이 사실을 아는 데, 우리 각자에게는 더 많이 이해하고 개선하고 개인적 성취를 이룰 여지가 있음을 근본적으로 아는 데 있다. 당신에게 없는 것을 붙들고 한탄하기보다는 이미 가지고 있는 것을 하나하나 뜯어보고 그것을 토대로 삼을 방법을 찾으라. 당신 자신을 자유롭게 하여 당신이 이미 직관적으로 파악하고 있는 것, 당신의 인생은 이미 의미로 가득하다는 사실을 성찰적으로 이해하라.

우리 삶의 방향을

잡지 못하는 이유

life 2

고전주의 시대 사람들은 우리의
'무신론'을 이해하지 못할 것이다.
신의 본성이나 그들의 행동에 대해,
때로는 일부 신의 존재를 부정하는 것에 대해서는 확실하
게 이견을 제시할 것이다.
하지만 무신론에 대한 근대적 이해의 바탕이 되는 개념인
내재론—세상이 어떤 종류든 초월적인 영역에 얽매이지
않는다고 보는 것—은 거의 이해할 수 없으리라.

— 개빈 하이만, 《무신론의 짧은 역사》, 2010

05

우리는 언제부터
인생의 의미를 찾게 되었을까

　이런 상상을 한번 해보라. 당신이 공항에서 아이폰을 충전하고 있는데 어떤 남자가 다가와서 "당신은 전기를 믿습니까?" 하고 묻는다. 당신과 나, 그리고 장담컨대 공항에 있는 다른 모든 사람은 오늘날의 현대적인 생활양식 전체가 전기를 중심으로 굴러가고, 그러므로 믿음을 놓고 논쟁을 벌일 이유가 전혀 없음을 알고 있다. 질문 자체가 비상식적이다. 그 남자는 몸을 기울이며 다음 질문을 던진다. "당신은 신을 믿습니까?" 이 질문은 좀 더 무게감이 있고, 당신이 어떤 대답을 하건 한 번쯤 생각해본 적이 있거나,

또는 논쟁해본 적이 있을 가능성이 높다. 전기에 대한 비상식적인 질문과 달리 신을 믿느냐라는 질문은 진짜 질문임을 당신은 이해한다. 당신은 이런 종교적 물음을 이해함으로써 근대인이 된다.

500년 전 살았던 유럽인들에게 신에 대해 물었더라면 오늘날 우리에게 전기에 대해 묻는 것만큼이나 이상하게 들렸으리라. 신―전기가 아니라―은 어디에나 존재했다. 그들이 사는 세상은 초자연적인 영, 악마, 마법이 지배하는 곳이었다. 건강이 좋지 않은 사람은 악마에게 홀려서 나쁜 짓을 저지를 수 있다는 믿음이 흔했다.[71] 성인들의 유물에는 치유력이 있었다. 폭풍, 가뭄, 전염병, 풍작은 신의 행위로 이해되었다. 사람들은 농사에 피해를 줄 수 있는 사악한 영을 물리치기 위해 옥수수 밭에서 복음성가 낭송 같은 집단적인 의식을 정기적으로 치렀다.[72] 독일 사회학자 막스 베버의 말을 빌리면 전근대인들의 세상은 **마법에 걸려** 있었다.[73] 신과 영의 존재는 믿음의 문제가 아니라 의심할 여지가 없는 확신이었다. 온 우주는 모든 요소들이 목적

의식적인 계획에 따라 협력하는 의미 있는 단일체였다. 중세 유럽만이 아니라 지구 전체가 그랬다. 물론 영의 이름과 기능은 문화권에 따라 달랐다. 어떤 문화에서는 전능한 창조주인 신을 믿었고, 어떤 문화에서는 무수한 지역의 영들을 믿었다.[74] 이렇듯 사람들의 믿음은 제각각이었지만 마법에 걸린 세상에서는 다양한 영과 악마, 신과 우주적인 힘들이 크고 작은 일상의 사건들에 영향을 미쳤다는 공통점이 있다.

이런 마법에 걸린 세상에서는 자연의 원리에 맞는 설명과 초자연적인 설명이 전혀 구분되지 않았다. 자연의 원리에 맞는 설명의 토대인 과학적 세계관이 아직 발견되거나 발전하지 않았던 것이다. 원칙적으로는 개별적인 영적 존재가 실재함—어떤 영이 존재하는지 또는 신의 정확한 본질과 힘이 무엇인지—을 부정하거나 논쟁거리로 삼을 수는 있지만, 마법에 걸린 세계관 일체를 더 이상 믿고 싶지 않다면 대안이 없었다. 이를 대신할 만한 세계관이 아예 없었던 것이다. 마법에서 깨어난 세계관이 아직 발명되지 않은 상태였기 때문이다. '믿지 않음'의 발판이 되는 개념적인 도구와 사상들이 존재하지 않았다. 대신 마법이 세계관 전체를 빚어냈고, 따라서 이 이데올로기를 지지하고 강화하는 일상생활 속의 집단적인 의례를 그만두기란 불가능했다.

세계관이 워낙 근본적으로 다르다 보니 근대인들이 인생의 의미에 대해 이야기하는 방식은 중세 소작농들에게 전혀 이해가 되지 않고, 이 점은 아리스토텔레스나 에픽테토스 같은 고대의 위대한 사상가들에게도 마찬가지다. 인류의 역사에서 대부분의 기간 동안 사람들은 인생의 의미를 묻지 않았다. 거기에 대해 생각할 필요가 없었기 때문이다. 마법에 걸린 우주에서는 당연히 모든 생명체가 어떤 거대하고 우주적인 힘을 추진력으로 삼거나 신이 내려준 목적을 충족시키기 위해 존재했다. 근대 이전의 우주와 그 속에서 인간이 차지하는 위치에 대한 우리 조상들의 관점은 긍정적인 쪽으로 기묘했다. 그들의 세상은 최소한 우주적 관점에서 말하자면, 지금 우리가 사는 세상과는 달리

질서정연했다. 고대 그리스인들은 포스트모던 예술이나 뇌 스캔 장치는 물론 블랙홀의 비밀스러운 생애에 대해서도 전혀 알지 못했다. 심지어 기원전 4세기에 살았던 그리스 철학자 아리스토텔레스의 가장 과감한 사상마저도 그와 그 동시대인들의 마법에 걸린 세계관에 물들어 있었다.

만일 서구 사상에 가장 큰 영향을 미친 인물을 선발하는 대회가 있다면 예수와 아이작 뉴턴 경 같은 거물들과 함께 아리스토텔레스가 준결승에 진출할 것이다. 이제껏 저술된 윤리학 책 중에서 가장 유명하고 가장 많이 읽힌 책 중 하나인《니코마코스 윤리학》에서 아리스토텔레스는 '인간의 가장 고매한 선'이라는 개념에 천착했다. 구체적으로 그는 "그 자체로서 염원하는 우리 행위의 어떤 목표"를 탐구했다.[75] 그는 인간의 본성에는 가장 고매한 선을 결정해주는 것의 단서가 있다는 믿음에서, 동물에 비해 인간을 특별한 존재로 만드는 것이 무엇인지를 밝히고자 했다. 이 '인간의 가장 고매한 선'이라는 개념을 의미와 혼동하기 쉽다. 하지만 나는 아리스토텔레스가 인간의 선이라는 개념을 탐구할 때 인생의 의미를 논한 것은 아니었다고 주장할 것이다. 분명 그는 인간의 목적이라는 개념을 다루긴 했지만 올바른 방식은 아니었다. 아니 어쩌면 그의 탐구는 그가 살았던 시대의 제약에서 자유롭지 못했고, 부조리함이라는 중요한 요소에 대한 자각이 빠져 있었다.

우리가 전기를 당연하게 여기듯, 아리스토텔레스는 우주적 질서의 존재를 한 치도 의심하지 않았기 때문에 그런 질서가 존재하지 않을 수도 있다는 생각을 전혀 하지 못했다. 마법에 걸린 세상은 의미로 가득한 전체였고, 다른 모든 생명체들처럼 인류에게는 내재적인 목적 또는 미덕이 있어서, 인간의 선은 그것을 완수함으로써 규정되었다. 즉 말의 미덕은 달리고 사람을 태우는 것이고, 눈의 미덕은 우리가 볼 수 있게 하는 것이므로, 아리스토텔레스의 입장에서는 "인류의 미덕"이, 인간에게만 고유한 어떤 탁월함이 존재해야 마땅했다.[76] 합리적 사고를 할 수 있는 능력이 인간과 다른 동물의 차이임을 확인한 그는, 인간의 선은 이 합리적인 영혼과 조화롭게 살아가는 것이 틀림없고 이를 위해서는 어떤 미덕이 필요하다는 결론에 도달했다. 그에게 있어서 이는 인간이라는 존재에 목적이 **있고 없고**의 문제가 전혀 아니었다. 아리스토텔레스가 살았던 마법에 걸린 우주에서는 모든 만물에 목적이 내재하는 것처럼 인간에게도 목적이 있는 것이 자명했다. 유일한 문제는 우리가 그것을 발견하느냐였다.

아리스토텔레스에게, 그리고 그 이후 수천 년간의 서구 사상에서 인생에 대한 거대한 질문은 인간의 목적에 관한 것이었다. 고대 그리스인들은 텔로스telos, 중세 기독교 사상가들은 '최고선summum bonum'이라고 불렀던 이 문제는 근대에 이르기까지 서구 사상가들의 중요한 관심사로서, 우리 존재의 본질적인 **왜**라는 물음에, 인류의 궁극적인 목적에 대한 해답을 제시하고자 했다. 이는 우리가 자전거나 칼이 존재하는 목적을 물어볼 때와 마찬가지로, **인간은 무엇을 위해 존재하는가**라는 질문이었다. 자전거의 경우 그 답은 타기이고, 칼은 자르기이다. 아리스토텔레스부터 토마스 아퀴나스에 이르는 그리스 사상가들과 기독교 사상가들을 공히 묶어주는 것은 이들은 인간에게 목적이 있을 가능성을 결코 의심하지 않았다는 점이다. 이들의 세계관에서는 우주가 이해 가능했고 인간은 어떤 목적을 위해 창조된 존재였다. 그러므로 사상가가 할 일은 이미 존재하는 인간의 선 또는 인간의 목적을 찾아내고 발견하는 게 전부였다. 조슈아 혹실드 교수의 주장처럼 인간의 목적은 "대부분의 서구 역사에서 인간의 삶에 대해 던졌던 질문"이었다.[77]

하지만 17세기 언젠가부터 과학을 근거로 한 세계관이 서구 사회에서 서서히 유명세를 얻기 시작했다. 이 새로운 세계관은 먼저 자연계와 초자연계를 갈라놓았고, 그다음에는 초자연계를 가장자리로 밀어내기 시작했다. 과학은 200~300년 동안 우주를 마법에서 깨어나게 했다. 인본주의와 개인주의의 등장, 도시화, 이동성의 증가, 산업화, 민주주의, 정부의 관료화 같은 다른 원인도 있지만 전근대기의 **마법에 걸린 우주**를 겉으로나마 마법에서 깨어난, 무의미한 **기계적인 우주**로 바꾸는 데 결정적인 기여를 한 것은 과학적인 세계관이었다. 마법에 걸린 우주에서는 인간의 목적에 대한 질문이 합리적이었지만, 사물들의 거대한 질서 안에서 더 이상 인간에게 명백한 자리가 없는 기계적인 우주와는 맞지 않았다. 이는 인생에 대한 새로운 종류의 거대 질문을 던질 필요로 귀결되었다. 1834년에 토머스 칼라일이라는 한 남자가 "인생의 의미는 무엇인가?"라는 간단해 보이는 질문을 넌지시 던졌고, 그 이후로 우리는 전 사회적으로 그 실존적인 후과를 붙들고 씨름하고 있다.

'인생의 의미는 무엇인가'라는 질문의 시작

제대로 바라보면 가장 별 볼 일 없는 그 어떤 사물도 하찮지 않다. 모든 사물은 철학적인 시각으로 보면 무궁함 그 자체를 들여다볼 수 있는 창문과 같다.
— 토머스 칼라일, 《의상衣裳철학》, 1834

빅토리아 시대의 스코틀랜드 수필가이자 풍자 작가, 역사가인 토머스 칼라일이 인생의 의미를 탐구한 유일한 사람은 아니지만, 영어권에서 이 문제에 대한 글을 처음으로 남긴 인물이다. 1833년에서 1834년 사이에 발표된 칼라일의 《의상철학》은 여러 이유에서 유명했다. 먼저 랠프 왈도 에머슨이 서문을 썼고, 허먼 멜빌과 월트 휘트먼이 각각 《모비딕》과 《나 자신의 노래》에 핵심적인 영향을 미친 작품으로 언급했으며, 오늘날 영문학에서 낭만주의 시대에서 빅토리아 시대로의 이행을 알리는 **유일한** 책으로 종종 인용되곤 한다.[78] 또한 "인생의 의미"라는 표현이 영어로 적힌 최초의 글로 알려져 있기도 하다.[79]

《의상철학》이 저술된 시기는 세계적으로 일어난 몇 가지 혁명이 일상생활의 거의 모든 측면에 영향을 미친, 세계사적으로 특히 떠들썩하던 시기였다. 프랑스혁명은 정치세계를 바꿔놓았고 그 후폭풍이 아직 유럽 전역에 남아 있었으며, 낭만주의 혁명이 감정, 자기점검, 자성을 활성화했고, 산업혁명은 일상생활의 거의 모든 측면을 탈바꿈시켰고, 과학혁명은 종교적 세계관을 위협했다. 칼라일의 글은 다음 문장으로 시작한다.

"오늘날의 발전한 문화의 상태를, 과학의 횃불이 지금 얼마나 큰 지지를 받으며 앞으로 나아가고 있는지를 (…) 특히 요즘 이 횃불이 여전히, 어쩌면 그 어느 때보다 맹렬하게 타오르고 있을 뿐만 아니라 그로 인해 점화된 숱한 양초들과 유황성냥들이 온갖 방향으로 기웃대고 있고, 그래서 자연계나 예술계의 아무리 작은 틈이나 개구멍도 조명되지 않을 수 없다는 사실을 생각해볼 때."[80]

그 어떤 "틈이나 개구멍"까지도 환히 밝힐 정도로 맹렬하게 타오르는 "과학의 횃불". 과학적 사고가 사람들의 삶에 침투해 이들이 소중하게 품고 있던 진리와 세계관을 바꿔놓게 한 순수하게 지적인 힘을 이보다 더 잘 묘사할 수는 없을 것이다. 과거에는 워낙 자명해서 의심할 여지가 없던 것—세상이 의미로 가득한 전체이고 인간은 이 세상의 전개에서 특별한 역할을 한다는—이 갑자기 근거를 잃어버렸다. 그러고 난 뒤 어쩌면 독자들은 당연하게도 《의상

철학》의 주인공인, 미지의 장소에 있는 중년의 토이펠스드뢰크 교수가 시시한 인생의 무의미함에 압도되는 모습을 보게 될 것이다. 그가 느끼는 우울감은 거대한 인생의 변화에 자연스레 수반될 수 있는 것이지만, 특히 산업주의와 그 외 다른 격변의 멈출 줄 모르는 진군의 시기에는 뿌리째 뽑힌 듯한 느낌 때문에 더 심화되었다. 이제 종교와 전통은 더 이상 그 어떤 질문에도 답을 해줄 수 없는 것으로 보였다.

의미를 탐색하는 칼라일 자신의 노력에 대한 우화이기도 한 이 소설에서 우리는 "합리적인 우주", 즉 "신비주의에 최고로 적대적인", 날로 세속화되어가는 세상이 어떻게 토이펠스드뢰크를 종교적 의심으로 물들이고, 그가 신앙과 신의 존재에 대한 의문을 갖게 만드는지를 보게 된다.[81] 의심은 점점 깊어져 "악몽, 불신"으로 바뀌고, 토이펠스드뢰크 교수는 이내 차갑고 고요한 세상에 홀로 남겨져 이렇게 적는다. "내게 우주는 생명, 목적, 신성모독, 심지어는 적개심이 빠진 전부였다. 그것은 생기 없는 무심함 속에서 굴러가면서 나의 사지를 갈가리 찢어놓는, 거대하고 생명이 없고 측정 불가능한 하나의 증기엔진이었다." 믿음을 잃고 자신의 철학적 도구에만 의지해야 하는 상황에 놓인 그는—처음으로 "인생의 의미"라는 표현을 사용해서—이렇게 선언했다. "우리의 인생은 필요를 중심으로 돌아간다. 하지만 인생의 의미 그 자체는 다름 아닌 자유, 다름 아닌 자율적인 힘이다. 그러므로 우리는 전투에 들어간다. 특히 초반이 힘든 전투에." 그에게 있어서 인간의 본질적인 전투는 필요와 자유 사이에서 벌어진다. 식욕, 육체의 갈망, 그 외 세속적인 문제에 갇힌 사람이 될 것인가, 아니면 더 높은 도덕적 의무를 좇기 위해 그런 것을 넘어서는 데 전념하는 인간이 될 것인가. 칼라일에게 인생의 의미는 이것이다. 목적의식적인 노력에 전념함으로써 우리는 자신의 개인적인 이상을 현실로 바꿔놓을 수 있고 실제적인 성취감을 손에 넣을 수 있다. 그는 이렇게 말한다. "오늘이라고 불리는 동안에는 노력하라. 아무도 노력할 수 없을 때 밤이 찾아오나니."

인생의 의미가 태곳적부터 인간을 괴롭힌 강렬한 질문이 아니라, 200년도 안 된 과거에 '의복: 그 기원과 영향'이라는 제목의 책을 저술하는 자전적인 주인공을 내세운 저자가 만들어낸 표현이라는 사실은 우리에게 위안을 준다. "사물 일반"을 전공하는 교수라고 볼 수 있는 토이펠스드뢰크는 의상에서 영감을 얻은 자신의 책에서, "의복을 입은 사람", 멋쟁이, 칼라를 접는 적절한 독일 방식—낮게 뒤쪽으로, 살짝 말아서—의 중요성을 비롯한 온갖 것들을 꼼꼼하게 탐구한다.[82] 《의상철학》은 무해해 보이지만, 칼라일에게 더 묵직하고 철학적인 관심을 표명할 충분한 여지를 준 메타픽션(독자에게 자신이 읽고 있는 글이 허구라는 암시를 주는 방식의 글쓰기—옮긴이)의 한 형태이기도 하다. 하지만 칼라일은 근대 세계에서 그 어떤 가치의 존재에 대해서도 의심했지만, 그렇다고 해서 완전한 비관에 사로잡히지 않았고 자신의 글에 인간은 실존적인 황무지를 횡단하고 거기서 의기양양한 모습을 보일 수 있다는 확신과 희망의 단어들을 채워 넣었다. 하지만 그 책 전체는 어떤 의미에서 칼라일이 자신의 부모가 흠뻑 빠졌던 완고한 칼뱅주의적 신앙과 단절했음을 보여주는 징후였다. 《의상철학》은 칼라일의 표현에 따르면 "무신론의 세기"를 살아가면서 이런 신앙의 상실과 벌인 그의 투쟁으로 독해할 수 있다. 전통적인 기독교 신앙의 상실과 양립 가능한 인생의 이해 방식을 제시하려는 시도인 것이다.

19세기에 가장 영향력 있는 사회 참여 지식인 중 한 명으로 꼽히는 칼라일은 많은 사상가에게 영감을 주었다. 영어권에서 의미와 실존의 위기에 대한 글을 쓰거나 생각하는 사람은 어떤 식으로든 칼라일의 작업에 반응을 보였다. 같은 시기 유럽대륙에서는 쇠렌 키르케고르와 아르투어 쇼펜하우어 같은 철학자들이 칼라일이 놓치고 넘어갔던 지점에서 다시 질문을 던졌다. 키르케고르는 1843년에 출간된 중요한 초기 저작 《이것이냐 저것이냐》에서 "정말 그런 게 있긴 하다면, 이 인생의 의미는 무엇인가?"라고 물었다.[83] 실존적인 열병이 지식인들을 사로잡았다. 철학자들과 랠프 왈도 에머슨, 새뮤얼 베케트, 조지 엘리엇, 레프 톨스토이 같은 소설가, 리하르트 바그너 같은 작곡가, ("다윈의 불독"이라는 별명으로 알려진) 토머스 헉슬리 같은 생물학자 등이 실존적 열병에 휩쓸렸고, 그 선두에 쇼펜하우어가 있었다. 쇼펜하우어는 〈인간 본성〉이라는 에세이에서 솔직하게 물었다. "대체 인생의 의미란 무엇인가? 본질적인 모든 것이 돌이킬 수 없이 고정되고 굳어진 인생이라는 이 소극은 무슨 목적으로 상영되는가?"[84] 톨스토이의 《안나 카레니나》(1878)는 실존적 불안이라는 개념을 일반 대중에게 퍼뜨렸다. 그전까지만 해도 이 개념은 주로 일부 지식인 집단 안에 머물러 있었다. 톨스토이는 자신의 명작이 출간되기 전부터 칼라일과 유사하게 마법에서 깨어난 상태에 적응하려고 애쓰고 있었다. 즉 이 스코틀랜드 철학자처럼 톨스토이도 과학적 세계관과 화해하기 위해 씨름했던 것이다. 물리학 책을 읽고 중력, 열, 그리고 "공기 기둥이 압력을 행사하는" 원리에 대해 골똘히 생각하고 나서 몇 달 뒤 일기장에 "지구에서의 삶에서는 얻을 게 전혀 없다"라고 적었는데[85] 이는 결코 우연이 아닐 것이다. 자연의 기계론적 법칙을 더 많이 이해하게 된 그는 초월적인 것에 대한 믿음을 잃고 이렇게 썼다. "나는 원했던 것을 발견하지 못하고 나처럼 인생의 의미를 알고자 했던 모든 사람은 아무것도 발견하지 못했다는 확신만 얻게 되었다."[86]

칼라일과 쇼펜하우어, 그리고 다른 동시대인들과 함께 톨스토이는 새로운 과학적 세계관에 담긴 함의를 깨달은 최초의 집단이었다. 즉 과학적 세계관은 인간을 내재적인 목표나 선, 가치가 없는 생물학적 유기체로 전락시킨다. 톨스토이의 표현처럼 "당신은 미립자의 일시적이고 우연한 복합물이다. 상호관계, 이런 입자들의 교환이 당신 내부에서 당신이 생명이라고 부르는 것을 만들어낸다. 이 덩어리는 한동안 지속될 것이다. 그러다가 이 입자들 간의 상호작용이 중단되고, 그러면 당신이 생명이라고 부르던 것과 당신의 모든 질문들이 종언을 고한다. 당신은 우연히 일관성을 가지게 된 무언가의 덩어리다. 이 덩어리는 발효 중이다."[87]

물론 무언가를 아는 것과 이 앎을 통해 발견한 것을

좋아하는 것은 별개의 문제다. 많은 사람들이 과학적 세계관의 핵심에 있는 불편한 진실을 좋아하지 않았지만, 그렇다고 해서 이 세계관이 확산되는 것을 막지도 않았다. 20세기 말에 이르자 대중은 수 세대 동안 이어진 실존적 불안을 견뎌냈고, 사실 그래서 불가해해 보이던 거대 질문―인생의 의미는 무엇인가?―이 인간이 만들어낸 발명품이라기보다는 인간의 영원한 투쟁 과제처럼 느껴지게 되었다. 이 때문에 당연히 일각에서는 마법에 빠져 살던 단순한 시절을 그리워하거나, 그게 아니라도 최소한 칼라를 접는 스타일에 관한 어떤 신중한 조언을 권하게 되었다.

발명된 질문

요즘에는 과학과 종교를 대치시키는 것이 일반적이지만, 처음부터 그런 것은 아니었다. 과학혁명은 수 세기 동안 기독교와 신에 대한 굳건한 믿음에 맞서기보다는,

그 환경 속에서 진행되었다. 사실 과학이 의지하는 합리적이고 논리적인 분석은 원래 신학이라는 맥락에서 신과 그 피조물인 이 세상을 더 잘 이해하기 위한 수단으로 개발된 것이었다.[88] 초기의 과학 탐구는 신을 찬미하고 더 가까이 다가가기 위한 수단이었다. 신의 뜻에 따라 설계된 합리적인 우주 앞에서 뉴턴 같은 과학자들은 그저 신의 언어를 해독할 뿐이었다. 목표는 우주 이면에 있는 지적인 천상의 계획을 더 잘 이해하는 것이었다. 17세기 독일 수학자이자 천문학자인 요하네스 케플러가 과학혁명에서 큰 역할을 하게 된 행성이동법칙을 발견한 동기는 신이 기하학을 근거로 우주를 창조했음을 보여주고 싶은 바람이었다. 케플러는 "나의 노력을 통해 천문학에서도 신을 찬미할 수 있다"는 사실을 깨닫고 나서 신학자가 되려다 천문학자의 길에 들어섰다.[89]

이처럼 과학적 세계관은 기독교 세계관의 부산물로 출발했지만 이내 자신의 부모를 질식시켰다. 점점 많은 사상가들이 이 새로운 세계관의 다양한 요소들이 신에게서

태양, 행성, 혜성으로 이루어진 이 가장 아름다운
질서는 지적이고 강력한 존재의 조언과 통치가
있었기에 나타날 수 있었다.

— 아이작 뉴턴, 《일반주해》, 1713

독립해 홀로 설 수 있음을 이해하기 시작했다. 영어에서 **무신론**atheism이라는 단어가 처음으로 등장한 것은 1540년이지만,[90] 그 정의가 일반적인 이단에서 유신론에 대한 전면적인 부정이라는 의미로 축소되기까지는 어느 정도 시간이 걸렸다. 현 상태에 찬물을 끼얹는 모든 것들이 그렇듯이 단어는 처음에는 비난조로 사용되었다. 대부분의 사람들은 무신론을 사술이나 주술과 동격으로 이해했다. 18세기 중반이 되어서야 프랑스의 드니 디드로가 스스로도 인정한 최초의 공개적인 무신론 철학자가 되었다.[91] 무신론은 철학적 경향으로서 최소한 일부 집단 내에서는 들불처럼 번졌다. 19세기 후반 톨스토이는 러시아와 유럽의 학식 있는 엘리트 가운데 "자신이 신앙인이라고 고백한 사람은 천 명 중에 한 명도 되지 않았다"라고 밝혔다.[92] 19세기 말에 이르자 많은 대학들이 과거에는 용인했던 종교적 정설과 관련된 사상을 몰아냈고, 종교적 논의를 주변으로 강등시켰다. 물론 종교사상가들과 신앙인들은 사라지지 않았지만 믿음과 신앙의 실천은 내부로 향하기 시작했다. 신앙은 점점 사적인 일이 되었다. 공적인 영역, 특히 정치와 직장에서는 종교인들이 초자연적인 것을 더 이상 논쟁의 일부로 인정하지 않는 합리적 토론에 참여할 것이라는 기대가 형성되었다. 작물의 수확 시기나 댐 건설 시기에 대한 결정을 내릴 때는 신의 계시가 아니라 과학적으로 검증된 지식에 의지했고, 영이 아니라 전문가의 조언을 구했다.

분명 오늘날에도 마법이나 종교, 초자연이 여전히 많은 사람들의 삶에 영향을 미친다. 배경이 되는 자명한 세계관으로서는 아니지만 과학적 세계관과 다소간의 긴장 속에 공존하는 어떤 것으로서 말이다. 오늘날 종교인들은 이런 마법에 걸린 사적인 믿음과, 마법에서 깨어난 합리적이고 근대적인 세계관 사이에서 줄타기를 해야 한다. 그리고 이 마법에서 깨어난 세계관이 많은 기술 진보와 사회 운영의 개선으로 이어지긴 했지만 끔찍한 가능성 역시 드러냈다. 우주가 거대한 목적을 달성하기 위해 인류를 창조한 것이 아니라면 어떻게 되는 건가? 의미 같은 건 전혀 없다는 것이 인생의 의미라면 어떻게 되는 건가?

그러므로 "인생의 의미는 무엇인가?"는 무엇보다 주어진 상황에 대한 반발에서 비롯된 질문이다. 과학적 세계관이 퍼져나가고 그로 인해 세계가 마법에서 깨어나면서 발명된 질문인 것이다. 오래전부터 인간을 비롯한 우주 전체에는 자명한 목적성이 있다고 생각했지만 이제는 그 생각이 도전을 받게 되었다. 이런 맥락에서 잃어버린 것을 요청하는 것이 아주 중요해졌다. 그리고 한때 우리에게 있었던 것을 묘사하기 위한 표현이 발명되었다. 그것은 바로 인생의 의미라는 표현이다. 하지만 우리가 실존적 위기를 겪게 된 모든 책임을 과학에 떠넘기지는 말자. 과학적 세계관이 인간의 의식에 진입한 이후, 누군가는 우리가 삶을 유의미한 어떤 것으로 경험해야 한다는 생각을 발명해야 했다. 그러면 이제 낭만주의에 대해 살펴보자.

인생의 의미를 알아내려고 애쓰는 것은
부품 하나를 잃어버렸거나
사용 설명서도 없는 상태에서
이케아 가구를 조립하려고 하는 것과
비슷할 수 있다. 하지만 진짜 문제는
표준적인 삼단짜리 빌리 책장을 가지고
정교한 마라커 캐비닛을 조립하려고 하는 것이다.

너무 많은 걸 기대하면
뭔가 허전해 보이는 게 당연하다.

— 줄리언 바지니, 《러셀 교수님 인생의 의미가 도대체 뭔가요》, 2004

06

'심장을 따르라'는 무책임한 조언

토머스 칼라일, 아르투르 쇼펜하우어, 쇠렌 키르케고르는 서구 세계에서 인생의 의미에 대한 근대적인 탐색의 문을 여는 데 큰 역할을 한 것 외에도 다른 공통점이 있었다. 그것은 바로 독일 낭만주의다. 칼라일은 독일의 많은 낭만주의 글들을 영어로 번역했고, 1700년대 후반의 선도적인 독일 시인에 대한 책《프리드리히 실러의 인생》을 저술했다. 독일인인 쇼펜하우어는 동포들의 많은 작품에 익숙했고, 어떤 의미에서 그의 염세주의 철학은 그에 대한 반작용이었다. 그는 확실히 낭만주의자들이 감히 내놓지 못했던 지적인 결론을 부추겼다. 키르케고르는 또 다른 독일 낭만주의자인 프리드리히 셸링의 강의를 듣기 위해 베를린으로 이주했고 첫 실존적인 논문《이것이냐 저것이냐》의 많은 부분을 그곳에서 썼다.

이 세 남자의 공통된 지적 배경을 역사적으로 탐문해 가다 보면 한 가지 질문에 이르게 된다. 독일 관념론 안에 있는 무언가가, 이 세 남자가 경험한 실존적 위기에 씨앗을 뿌리진 않았을까?

초기 독일 낭만주의의 중심인물 중에는 게오르크 필리프 프리드리히 폰 하르덴베르크라는 시인이 있었다. 노발리스라는 필명으로 더 많이 알려진 그는 소피 폰 쿤과 약혼을 했지만 결혼도 하기 전에 그녀가 세상을 떠났다. 사랑과 슬픔에서 헤어나지 못하고 사랑과 인생에 대한 관념론적 사상에 빠져든 노발리스는 이를 시와 다른 글들로 표현하다가 28세의 나이에 결핵으로 목숨을 잃었다. 독일 낭만주의는 영적인 것과 종교적인 것들을 빠르게 세속화하던 유럽의 합리화되고 탈마법화된 세계관에 대한 직접적인 반동으로서, 초점을 내면으로 돌렸다. 마법은 내면에서부터 비롯되어야 한다고 본 것이다. 노발리스는 비슷한 성향의 다른 낭만주의 시인 겸 철학자들과 함께 인간의 감정을 옹호했고, 이를 거의 종교의 반열로 끌어올렸다. 이들은 사랑과 감정의 진정성을 숭배했고 그것이 인생의 길잡이가 되어야 한다고 믿었다.

오늘날 친구나 사랑하는 사람이 인생의 중대사를 놓고 고심할 때 "네 심장을 따르렴" 하고 쉽게 이야기한다. 이 조언은 사실 대단히 낭만주의적인 발상이다. 낭만주의 이전에는 심장을 무시하고 의무를 이행하는 것이 더 일반적이었다. 하지만 낭만주의자들에게 심장을 따르는 것은 정서보다는 명령에 더 가까웠다. 낭만주의자들은 심장의 요구를 이행하기 위해 사회적 규범, 부모의 기대, 합리적 조언 등의 제약을 과감하게 무시했다. 궁극의 영웅은 인생의 의무와 현실의 문제들을 깡그리 무시하고 짝사랑의 고통 속에 신음하다가, 자신의 연약한 몸이나 심장이 더 이상 그 고통을 이기지 못할 때 차라리 때 이른 죽음을 택하는 시인이었다. 이런 시인은 사랑하는 이의 애정을 결코 얻지 못하리라는 사실을 알면서도—또는 노발리스처럼 사랑하는 사람을 잃는 경험을 하더라도—사랑에 전념하면서 자신의 감정을 시로 드러낸다.

그러므로 낭만주의는 할리우드 영화와 숱한 팝송이 담고 있는 생각, 즉 사랑은 세상이 뒤집어지는 경험이어야 한다는 생각의 진원지였다. 진정한 사랑이 저기 어딘가에서 당신을 기다리고 있다. 그러니 당신이 그 또는 그녀를 만나면 첫눈에 사랑을 느낄 것이고, 그 또는 그녀는 당신의 심장이 선택한 사람이므로 영원히 서로 사랑하리라는 점은 아주 자명하다. 낭만주의는 사랑에 대한 비현실적인 기대를 조장했고, 철학자 알랭 드 보통은 이런 비현실적인 기대가 "우리의 관계에서 재난이었고", "평범한 사람들이 감정적으로 건강한 삶을 살아가는 능력에 아주 좋지 못한 영향"을 미쳤다고 주장하기도 했다.[93] 뿐만 아니라 낭만주의는 이상향을 지상과제로 바꿔놓았다. 부족한 상태에 안주해서는 결코 안 된다는 지상과제로 말이다. 이 말은 그럴싸

하게 들리지만 함께 살아가기라는 일상적인 문제는 고사하고 낭만적 관계의 셀 수 없는 복잡한 감정적 요소들을 관리해야 하는 현실에서 거의 효력이 없다.

이런 사고방식이 일에까지 영향을 미쳤다. 어떤 다른 일에도 만족하지 마라. 당신의 진정한 소명을 찾으라. 익숙하게 들리는가? 사랑에, 일에, 인생이나 행복에 안주해서는 안 된다는 말을 광고, 영화, 노래, 자기계발서에서 얼마나 많이 들었던가? 이 명령에는 우리 모두에게는 어딘가에, 어떤 식으로든, 내면의 소명이 있다는 생각이 들어 있다. 그러므로 우리는 그것을 찾아내기만 하면 된다. 그러면 우리는 우리가 무슨 일을 하기 위해 지구상에 보내졌는지를 이해하게 될 것이다. 낭만주의자들은 소명이라고 하는 기독교적인 개념—어떤 일을 하라는 신의 부름을 받았다는 식의—을 취해서 '신'의 자리를 '심장'으로 대체했다. 그래서 당신에게는 인생에서 꼭 해야만 하는 한 가지 진정한 사명이 있는데, 대신 그것은 신이 당신에게 내려준 것이 아니라 당신 내면에 내내 숨어 있었다. 이 생각은 자기계발서

용 구호―당신의 진정한 소명을 찾아라―같은 것이 되어 버렸지만 안타깝게도 현실과는 별 상관이 없다.

그리고 이 모든 것이 인생의 의미와 관계 맺는 방식은 이렇다. 즉 낭만주의자들은 심장의 부름을 옹호하면서 본질적으로 우리 각자는 의미 있는 삶을 약속받았고, 따라서 우린 그걸 발견하기만 하면 된다는 생각을 퍼뜨리고 있다. 심장을 따라가다 보면 인생의 총체적인 모습이 드러나서 갑자기 제자리를 찾게 되고 바로 거기서 사명을 발견할 것이며, 그러면 당신의 인생은 명료함, 확실함, 유의미함이라는 감각으로 넘쳐나게 될 것이다.

존재하지 않는 것을 열망하는 비극

낭만주의자들은 우리에게 장미꽃을 약속했지만 현실은 그렇게까지 달달한 향기를 뿜어내지 않을 때가 많다. 나는 과학적 세계관이 등장하면서 종교와 관계가 단절되고,

낭만주의와 과학의 영향

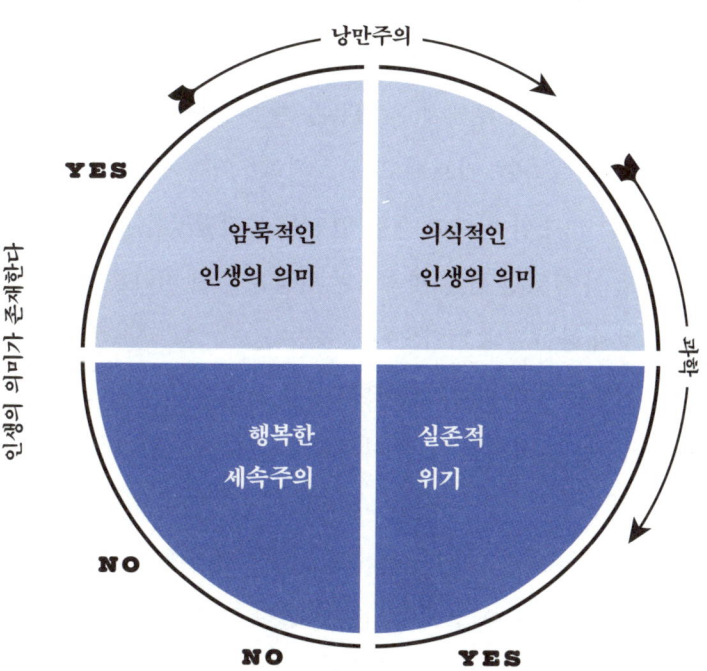

여기에 진정한 삶을 살기 위해서는 당신의 인생을 대단히 의미 있는 방식으로 경험해야 한다는 낭만주의적 견해가 더해지면서, 오늘날 현대 문화에 만연한 상황들과 실존적 위기라는 개념을 등장시킨 폭풍우가 만들어졌고, 그래서 이 사회는 의미의 부재에 온 마음을 뺏기게 되었다고 주장할 것이다. 칼라일, 키르케고르, 쇼펜하우어는 낭만주의자들로부터 거대한 의미에 대한 열망을 물려받았을 수 있지만, 그들이 살았던 점점 세속화된 세상은 그런 의미를 손에 넣는 것이 불가능해 보이도록 만들었다.

    낭만주의와 과학의 영향은 이를 도식화한 앞의 2×2 매트릭스를 살펴보면 더 잘 이해할 수 있다. 이 매트릭스에서 인류는 암묵적인 인생의 의미라는 구획 안에서 역사상 가장 많은 시간을 보냈다. 우리 조상들이 보기에 모든 피조물은 마법에 걸린 세상에서 맡은 역할이 있었고, 인생은 워낙 자명할 정도로 의미가 있어서―특별한 철학자를 제외하고는―의미라는 문제를 곰곰이 생각해볼 필요도 없었다.

그다음 범주는 인생에는 의미가 없다는 사실을 알고 있고, 어쨌든 우주적인 의미를 경험하려고 애쓰지 않는 사람들이다. 이 행복한 세속주의 범주에서는 무지가 축복일 수 있다. 내가 아는 몇몇 사람들은 더 높은 의미나 목표를 믿지도 않지만 이런 생각 때문에 자신의 인생에서 무언가가 빠져 있다고 느끼지도 않는다. 무교 가정에서 성장한 사람 중에 이런 사람이 많다. 이들은 종교와 큰 관련이 없으면서도 자신에게 뭔가가 부족하다고 느끼지 않는다. 반대로 내가 아는 또 다른 사람들은 인생에는 더 높은 목표가 있어야 한다고 느끼고, 신이나 신앙을 통해 이 높은 목표를 부여받는다. 그리고 의식적인 인생의 의미 부분에 속하는 이 집단은 신앙을 갖고 있기 때문에 자기 인생에서 뭔가가 결핍되어 있다고 느끼지 않는다.

네 번째 범주인 실존적 위기는 목적을 열망하지만 이런 목표가 존재하지 않을지 모른다고 걱정하는 사람들로 이루어지기 때문에 가장 비극적이다. 이 집단에 속한 개인들은 부조리함을 마주하고 실존적 위기에 빠지기가, 또는

(역사적 사실 확인을 통해 입증이 필요할 수도 있지만) 시인이나 철학자가 되기가 가장 쉽다. 그들의 입장에서 과학적 세계관은 마법에 걸린 세상을 파괴했을 수 있지만 낭만주의와 종교의 유산 때문에 그런 유의미함이 필요하다는 믿음이 지속된다. 안타깝게도 이는 오늘날 너무나도 많은 사람들이 속한 범주다. 아니면 최소한 우리는 힘든 시기에 그 범주에 한 번씩 빠지게 된다.

더 높은 목적에 대한 낭만주의의 원대한 약속과, 이 약속을 지킬 수 없는 세속적인 우주의 긴장은 의미라는 문제를 성배로 탈바꿈시켰다. 그래서 의미를 추구하는 것은 고매한 일이 되었고, 모두가 그 답을 알아내고 싶어 하지만 우리는 그런 건 존재하지 않으리라는 개연성 높은 사실에 체념해버렸다. 우리는 절대적으로 답이 필요한 질문을 품고 있지만, 이 질문은 현대사회에선 농담이나 다를 바 없기 때문에 답을 구할 수 없음이 분명하다는 모순적인 상황에 놓여 있다. 영화 〈몬티 파이튼의 삶의 의미〉 마지막 장면에서 배우 마이클 페일린은 인생의 가장 큰 질문에 대한 대답이 담긴 황금봉투를 별로 대수롭지 않다는 태도로 받는다. 그는 봉투의 내용을 읽는다. "음, 그건 별거 아니다. 사람들을 친절하게 대하도록 노력하고, 가급적 지방을 적게 섭취하고, 가끔 좋은 책을 읽고, 산책을 좀 하고, 출신 국가와 신념이 다른 사람들과 평화롭고 조화롭게 함께 살도록 노력하라."

작가 더글러스 애덤스는 《은하수를 여행하는 히치하이커를 위한 안내서》에서 한발 더 들어간다. 이 책에서는 인생과 그 의미에 대한 거대한 질문에 답하도록 특별히 설계된 슈퍼컴퓨터가 의미 없는 답을 토해낸다. "42."[94] 두 대답 모두 질문 자체의 터무니없음을 지적할 뿐이다. 우리는 존재하지 않는다는 걸 알면서도 어떤 명쾌한 대답을 기대한다.

근대적 혁명이 바꾼 것들

낭만주의와 과학적 세계관의 등장 외에도 서구 사회에서 일어난 몇 가지 다른 혁명들은 근대인이 지난 5세기 동안 우주 안에서 자신의 위치와 의미를 이해하는 방식에 영향을 미치고 그 형태를 결정했다. 특히 세 가지 영향이 두드러진다.

첫째, 인본주의가 자아의 역할을 격상시켰다. 인간은 더 이상 신, 영, 혹은 운명의 처분에 좌우되지 않고 자립했으며, 그런 외적인 힘에서 풀려나 인생을 자기 방식대로 항해할 수 있었다. 이런 전환은 르네 데카르트의 《제1철학에 관한 성찰》(1641)에서 가장 눈에 띈다. 이 책에서 데카르트는 급진적인 의심을 통해 신의 존재와 영혼의 불멸성은 합리적 의심 너머에 있음을 보여준다.[95] 그러므로 그의 의도와 결론은 종교적이었다. 신에 대한 믿음을 의심할 여지가 없는 토대 위에 올려놓는 것. 하지만 그의 방법에는 시한폭탄이 숨어 있었다. 그는 **이성을 통해** 신의 존재를 증명함으로써 '생각하는 인간'을 신보다 앞에 위치시켰다. 판이 뒤집어진 것이다.

인간의 이성이 신의 존재가 발 딛고 선 토대가 되었고, 그 역은 성립하지 않았다. 하지만 데카르트와 당대인들은 신의 존재를 증명하기 위해 이성을 소환할 수 있다면 이성을 사용해서 그것이 틀렸음을 입증할 수 있다는 생각은 미처 하지 못했다.

둘째, 개인화는 개인과 사회의 관계를 재정의했다. 전근대 사회에서는 집단이 개인보다 우선이었다.[96] 개인은 공동체 전체를 구성하는 데 도움을 주는 역할 - 가족 내에서의 위치, 사회계급, 직업 등 - 을 통해 규정되었다. 사람의 의무는 감정이나 꿈, 소망이 무엇이든 간에 역할에 따른 의무에 충실하는 것이었다. 사실 공적인 자아를 넘어선 사적인 '내면'의 자아라는 개념이 문헌에 나타나기 시작한 것은 16세기 이후부터였다.[97] 1517년 마르틴 루터가 문을 열어젖힌 개혁은 개인과 신의 매개자 없는 직접적인 관계와, 양심의 역할을 강조했다. 이 신학혁명은 사람들이 집단에서 분리된 개인과 내면의 신념에 집중하게 만드는 데 크게 기여했다. 루터는 자신의 사상이 개인에 대한 근대적인 몰두로 전환될 것이라고는 예상하지 못했을 것이다. 안타깝게도 개인의 감정, 꿈, 소망에 대한 강박적인 예찬은 공동체의 이익에는 종종 해가 된다.

중세 사람들에게는 낯선 또 다른 근대적 정서는 인간의 노력을 통한 진보에 대한 믿음이다. 과학적 세계관과 산업혁명 모두 사람들에게 이 세상은 전에 생각했던 것보다 훨씬 통제 가능한 장소라는 가르침을 주었다. 주술과 제의를 동원해도 우주의 야생적인 힘을 완전히 통제할 수 없고 사물의 질서가 정적이고 안정된 그런 곳이 아니라, 정해진 자연의 법칙을 따라 역동적으로 움직이는 그런 세상이었던 것이다. 이렇게 인간이 이 법칙 이면에 있는 과학을 이해할 경우 자신에게 유리하게 활용해 인간의 진보와 프로젝트를 진행할 수 있을 터였다. 부지런한 근대인은 세상이 지배와 통제가 가능한 어떤 것임을 이해하게 되었고, 이내 산업혁명을 통해 다양한 발명품이 등장하고 실제로 삶의 조건이 향상되면서 진보라는 개념이 인생의 자연스러운 과정처럼 느껴지게 되었다.[98]

이 세 가지 전환—인본주의, 개인주의, 지배와 진보라는 감각―은 과학적 세계관과 결합해 우주 안에서 인간이 차지하는 자리에 대한 완전히 새로운 이해를 빚어냈다. 물론 이와 함께 셀 수 없이 다양한 전환이 일어났다. 도시화, 상인계급의 등장, 그리고 사람들이 토지와 공동체를 떠나게 만든 산업화 등.[99] 18세기 말에 미국과 프랑스에서 새롭게 시작된 민주적 정치체제의 의미를 과소평가해서는 안 된다. 통치자의 정당성은 더 이상 신이 아닌 사람들, 시민에게서 나왔다. 이런 다양한 사고혁명이 누적된 결과 사람들은 갈수록 인생의 가치, 목적과 의미의 감지를 혼자서 감당해야 하는 상황에 놓이게 되었다. 개인은 집단에서 자신을 분리시켰고, 내적 확신과 소망을 따랐으며, 자신이 선택한 가치가 이끄는 대로 자신의 발전을 달성할 수 있고 또 그럴 책임이 있다고 믿었다. 요컨대 우리는 전통적인 공동체와, 마법―심지어는 신―이라는 개념과 관계가 단절되었고, 자립의 시대에 진입하게 되었다.

자립의 시대

신에 대한 믿음은 1500년과 2000년이 같을 수 없다.
(…) 천진난만한 무신론자가 없듯,
천진난만한 유신론자 같은 건 없다.
— 찰스 테일러, 《세속의 세대》, 2007

    미국은 신앙의 상실이라는 측면에서 많은 유럽 국가들보다 뒤처지지만 여기에도 속도가 붙고 있다. 미국인 중에서 공식적인 종교를 믿지 않는 사람은 현재 약 5600만 명으로 추정되지만[100] 만일 지금의 세속화 속도가 지속될 경우 2050년이면 종교와 무관하게 사는 사람이 과반수에 이르게 될 것이다. 오랫동안 미국은 종교적으로 안정적인 편이었다는 점을 감안하면 이 통계는 상당히 충격적이다. 하지만 1990년 이후로 무신론자의 수가 급격하게 증가해서 미국에서 가장 빠르게 증가하는 종교집단 내 범주가 되었다. 이런 변화는 젊은 세대에서 특히 뚜렷하게 나타나는데,

1981년 이후에 태어난 밀레니얼 세대의 약 36퍼센트가 이미 무신론자다.[101]

요즘 몇몇 유럽 국가에서는 신을 믿지 않는 것―그리고 신에 대해 열려 있는 것―이 일반적이다. 인구의 40퍼센트가 신의 존재를 완강하게 부정하는 체코공화국은 아마 세상에서 가장 무신론적인 나라일 것이며, 에스토니아가 그 뒤를 잇고 있다.[102] 프랑스, 독일, 스웨덴에서는 신이 있다고 확신하는 사람보다는 없다고 확신하는 사람이 더 많다.[103] 그리고 미국 같은 많은 나라에서 다수가 여전히 신을 믿긴 하지만 자신의 신념을 바꾸는 것이 더 흔하고 용인 가능해졌다. 이런 변화는 중세인에겐, 그리고 어쩌면 당신의 조부모 세대에겐 있을 수 없는 일일 것이다.

최근 퓨 리서치센터의 조사에 따르면 미국인의 42퍼센트가 어릴 때와 종교적 소속이 달라졌다. 사회학자 로버트 퍼트넘과 데이비드 캠벨은 현대 미국인의 종교성에 대한 연구에서 "자신의 종교를 고정된 특징이 아닌 '선호'라고 일컫는 것이 완벽하게 자연스러워진 듯하다"라고 지적

한다.[104]

　신에 대한 확고한 믿음을 유지하고 있는 미국인과 유럽인들 내에서도 '믿음'이라는 개념이 본질적으로, 그리고 자연스럽게 훨씬 근대성을 띠게 되었는데, 나는 이것이 구체적으로 네 가지 방식으로 이루어졌다고 주장할 것이다.

　첫째, 종교성의 변화하는 본성을 집중적으로 연구하는 철학자 찰스 테일러가 강조했듯 믿음이 의식성을 띠게 되었다.[105] 오늘날 믿음은 대안이 있을 수 있음을 생각하지도 못할 정도로 워낙 자명한 것이 아니라, 의식적인 선택이 되었다.

　둘째, 종교인이든 비종교인이든 대체로 세상의 작동 원리에 대한 동일한 자연과학적 설명을 받아들인다. 독실한 신앙인은 여기저기서 신의 개입이 이루어진다고 생각할 수도 있지만 대부분의 일상적인 사건들은 영보다는 전기나 그 외 자연 발생적인 또는 인위적인 힘으로 설명된다. 종교인이라도 차가 고장 나면 영적인 잘못보다는 기계적 결함을 찾는다.

셋째, 우리는 다양한 종교가 공존하는 세상에 살고 있다. 당신이 직접 종교적 변화를 겪었든 그렇지 않든 당신은 그런 사람을 한 명 정도는 알고 있을 것이다. 직장에서, 그리고 공동체에서 당신은 종교적 배경이 다양한 사람들을 마주칠 것이다. 1950년대에는 그래도 배우자와 직장 동료, 이웃들이 모두 당신과 같은 교회에 다닐 가능성이 있었다. 하지만 그 이후로 세상에는 다양성이 증가했고, 특히 도시 환경에서는 종교적 배경이 다양한 사람들과 교류하는 것이 워낙 일상적이라 더 이상 그걸 알아차리지도 못할 정도가 되었다.[106]

넷째, 우리는 성공을 위해 신과 여러 영에게 의지하는 대신 점점 인간의 능력과 창의성을 가지고 자립해 도전과제를 극복하게 되었다. 묵상과 기도를 할 수도 있지만, 우리는 그 자체로는 거대한 사회문제를 해결할 수 없음을 알고 있다. 성직자에게 새로운 비행기에 축복을 내려달라고 부탁할 수도 있지만, 그러면서도 유능한 공학자가 그것을 설계하고 안전 문제 전문 기관이 점검했음을 확인하고 싶어 한다. 일상의 문제를 해결하는 방법에 대한 사적인 토론에서, 그리고 기후 변화, 의료 서비스, 정치적 분열 같은 거대한 정치 문제를 해결하는 방법에 대한 공적인 토론에서, 해법은 신의 계시나 영과의 상담이 아니라 증거와 이성으로 정당화된다.

이것이 인간 자립의 시대이고, 근대인의 조건을 대부분의 다른 역사적 시기와 구별 짓는 특징이다. 오늘날 우리에게는 신을 믿을지 말지, 어떤 종류의 신 또는 영을 믿을지를 선택할 자유가 있다. 우리의 세계관은 이제 개인적인 선택의 문제, 각자의 필요, 성향, 믿음에 맞춰 재단할 수 있는 개인적인 선택의 문제다.

여전히 남은 문제

"만물에 목적이 있어야 하나?"
신이 물었다.

"당연하죠." 인간이 말했다.
"그럼 이 만물의 목적을 생각하는 건
네게 맡기마." 신이 말했다.
그리고 신은 가버렸다.
— 커트 보니것, 《고양이 요람》, 1963

이렇게 칼라일과 톨스토이와 초기 낭만주의자들 이후로 한 세기 반이 지난 지금… 우리는 그들이 그렇게 절박하게 찾고자 했던 인생의 의미라는 질문의 답에 가까워졌을까?

애석하게도 그렇지 않다. 환경을 통제하고, 질병을 물리치고, 삶을 풍요롭게 하는 기계와 장치들을 생산하는 능력이라는 면에서 과학적 세계관의 개가는 인류 역사상 전례를 찾을 수가 없지만, 그 한가운데에는 두 세기 전에 존재했던 것과 똑같은 커다란 구멍이 아직도 있다. 그것은 바로 과학적 세계관이 인간의 가치라는 측면에서 그리고 우리의 삶에 의미를 부여하는 방법이라는 측면에서 우리에게 어떤 단서도 주지 못하는 것 같다는 점이다. 칼라일은 "방화용 토치만 있고 건축용 망치는 없는 건가?"라는 말로 과학의 문제를 가장 잘 표현했다.[107]

문제는 우리가 우리 자신의 장치들만 가지고서는 인생에서 무엇에 가치를 둘지 또는 무엇을 좇을지를 확신하지 못한다는 것이다. 맨땅에서 우리 자신의 가치를 발명하는 것은 니체, 사르트르, 그 외 실존주의자들이 생각했던 것보다 더 힘든 일임이 드러났다. 이들은 결국 전통의 족쇄에서 해방된, 자립적인 소위 초인―일반인의 쩨쩨한 도덕률을 초월한 개인―은 스스로 가치를 창조할 것이라고 생각했다. 하지만 가치의 기틀이 없는 사람들은 그것을 제시하려는 이로부터 방향성과 지침을 구하곤 한다. 과거 성직자, 부족의 연장자, 공동체 지도자에게 주어졌던 사회적 지위는 자기계발 전문가, 자기이익에 따라 행동하는 정치인, 광고업자, 가짜 예언자 같은 사람들에게 넘어갔다. 낡은 세계관은 사라졌지만 우리는 이 교체를 신뢰하는 것은 고사하고 좋아하는지조차 자신이 없다.

중세 세계관의 마법에 홀린 확실성으로부터 마법에서 깨어난 근대의 인간 중심적이고 의심에 찌든 세계관으로 전환하는 문화적·역사적 과정은 몇 세기에 걸쳐서 진행되었다. 하지만 개인은 이 정신적인 과정을 단 한 번의 생애에, 심지어는 자신의 삶에서 단 한 번의 시기에 거친다. 하나의 문화적 과정으로 바라보았을 때 이런 이행은 흥미로운 역사적 전개다. 반면 개인 내부의 과정으로서는 비극적일 때가 있어서 완전히 압도당하는 감정에 휩싸일 정도의 위기에 이르기도 한다. 하지만 감사하게도 이 수렁에서 빠져나가는 방법이 있고, 당신이 알건 모르건 간에 당신은 이미 꾸준히 의미를 찾고 만드는 데 필요한 많은 도구들을 가지고 있다.

인생 전반에 대한 보편적인 의미를 찾으려고 애쓰다가
결국 인생은 부조리하고
비논리적이고
무의미하다는 말로 마무리가 되면 사람들은 절망하게 된다. 전체를 아우르는 하나의 거대한 우주적인 의미는 없고, 우리 각자가 우리의 인생에 부여한 의미, 개별적인 의미가 있을 뿐이다. 한 명 한 명이 개별적인 소설책 한 권에 해당하는 개별적인 줄거리가 있을 뿐.

— 아나이스 닌, 《일기》 2권, 1967

07

의미는 삶의 밖에서가 아니라, 그 안에서 일어난다

우주는 이제 마법에서 깨어났을지 몰라도 인간은 여전히 의미를 열망한다. 이 난제를 해결할 수 있을까? 다행히도 가능하다. 그리고 그것은 인생**의** 의미와 인생 **안에서의** 의미의 차이를 이해하는 데서 출발한다.

'인생의 의미'에 대해 물어볼 때 사람들은 일반적으로 어떤 보편적인 의미, 인생 일반에 적용되는 의미를 찾는다. 인생의 의미는 외부에서 인생에 부여된 목표, 짐작컨대 위에 있는 신이나 우주로부터 살아 있는 존재에 주어진 어떤 것이다. 그러므로 인생의 의미는 문제의 그 인생을 넘어선 무언가가 그 의미를 정당화해주는 것이라 할 수 있다. 사람들은 만족스러운 인생의 의미를 찾기 위해 자신이 믿는 종교 전통에 의지해—기독교인은 성경을, 무슬림은 코란을, 힌두교도는 바가바드기타를 참고할 수 있다—신의 종합 계획에서 자신이 맡은 역할이 무엇인지, 또는 우주 안에서 자신의 적절한 자리와 목표는 무엇인지를 파악한다. 여기서 공통점은 어떤 위로부터의 권위가 인간의 삶에 의미를 제시한다는 것이다.

그러면 인생 안에서의 의미는 무엇일까. 이것은 훨씬 개인적인 차원이다. 인생 안에서의 의미는 당신의 인생이 의미 있다는 기분이 들게 만드는 것과 관련이 있다.[108] 그것은 당신의 인생 안에서 의미를 경험하는 문제다. 그러므로 이는 어떤 보편적 가치의 문제가 아니라 당신이 인생의 길잡이가 될 만한 어떤 가치, 목표, 목적을 개인적으로 발견하는가의 문제인 것이다. 이는 당신의 삶이 살 만한 가치가 있다는 느낌을 안겨주는 무언가를 찾아내거나 창조하는 문제다.

종교적인 믿음이나 초자연적인 것에 대한 믿음이 없으면 인생의 의미를 찾는 것이 불가능할 수도 있지만,[109] 초자연적인 것이 있든 없든 당신이 자신의 인생을 값지고 의미 있게 경험하지 못할 이유는 없다. 인생은 무엇보다 당신의 경험이지 당신이 심판자처럼 관찰하는 무언가가 아니다. 그러므로 인생 최고의 문제는 심판자처럼 위에서 내려다보았을 때 그것이 의미 있는지 없는지가 아니라, 어떻게 하면 의미 있게 경험할 수 있느냐이다. 내 경우는 인생의 의미를 찾기 위한 탐색을 포기하고 정말 중요한 문제, 즉 내 인생에서 어떻게 의미를 찾을 것인가에 집중하는 데 기꺼이 만족한다.

일상과 동떨어진 형이상학적 궤변으로 쉽게 전락해버리는 인생의 의미와는 달리, 인생 안에서의 의미는 일상적인 행동을 통해 매일 관리하는 것들이다. 의식적으로든 무의식적으로든 어떤 결정을 내릴 때마다 당신은 어떤 식으로든 더 가치 있다고 느껴지는 선택지를 택하는 경향이 있다. 그러므로 당신의 크고 작은 인생의 선택들은 무엇이 당신의 인생을 더 값지고 의미 있게 느끼도록 해주는가에 대한 당신의 대답인 것이다. 당신에게는 이런 선택에서 길잡이가 되는 어떤 특별한 원칙 같은 것이 없을 때도 많지만, 그럼에도 어떤 선택과 어떤 경험들은 다른 것에 비해 당신에게 더 큰 의미를 느끼게 해준다. 그러므로 가치와 의미는 삶의 경험으로서 당신의 인생 안에 이미 스며 있다. 사실 인생에는 의미 있는 순간들이 가득하다. 오랫동안 보지 못했던 좋은 친구를 만나 포옹하는 순간, 가족을 위해 맛있는 식사를 준비하는 순간, 직장에서 팀을 이루어 무언가를 완수한 순간, 당신이 열정을 쏟아붓고 있는 어떤 취미에서 한층 실력이 좋아졌음을 알게 된 순간, 정말로 도움이 필요한 누군가를 돕는 순간…. 어떤 이론이나 합리적인 명분이 있어야 이런 순간들을 의미 있는 것으로 경험할 수 있는 것은 아니다. 당신은 애쓰지 않아도 거기에 내재한 의미를 경험할 수 있다.

인생 안에서의 유의미함에 대한 많은 철학적 문제는 "위로부터"의 관점을 출발점으로 삼는다는 데 있다. 인생을 멀리서 심판자의 관점에서 바라보고 난 뒤 인생 위에서 어떤 의미를 논리적으로 연역하려고 한다. 하지만 이런 관점은 심판자적인 입장을 취함으로써 당신이 자신의 인생 안에서 필연적으로 경험하게 되는 의미들을 이미 놓쳐버리는 것이다. 의미는 삶의 밖에서가 아니라 그 안에서 일어난다. 의미를 경험하는 것은 온기나 공감을 경험하는 것만큼이나 자연스러운 일이다. 그러므로 자기 바깥에서 바라보기보다는 이미 자기 삶의 일부인 의미 있는 경험들 속에서, 그리고 그것들을 탐색함으로써 의미에 대한 검토를 시작할 수 있다.[110]

관심의 초점을 인생 안에서의 의미―인생이 의미 있다고 느끼게 해주는 경험들―로 옮기면 당신은 곧 합리적 근거가 있든 없든 당신에게 의미 있다는 기분을 선사하는 많은 관계, 경험, 감정들이 이미 당신의 인생 안에 있음을 깨닫게 될 것이다. 실존주의자들의 경우, 어쩌면 인간의 의미에 대해 올바른 견해를 피력한 인물은 실존주의 운동의 대스타였던 장-폴 사르트르가 아니라, 그 철학적 기여를 등한시할 때가 너무 많은 시몬 드 보부아르였을지 모른다. 희박한 공기 속에서 자신의 가치를 창조해내는, 타자들과 완전히 분리된 자립적이고 자율적인 개인에 대한 환상을 품었던 사르트르와 달리, 보부아르는 우리 각자가 살아가는 특정 상황에 이미 뿌리를 내리고 있음을 강조했다.[111]

그녀는 외부에서 부여된 가치의 보증서를 찾으려 애쓸 필요가 없다고 천명한다는 점에서는 사르트르나 다른 실존주의자들과 의견이 같다. 만일 인생에 가치가 있다면 그것은 저 밖에 있는 누군가가 인생에 가치를 부여했기 때문이 아니라, 당신 자신이 인생을 가치 있는 것으로 경험하기 때문이다. 하지만 주어진 상황에 더 초점을 맞추는 보부아르의 실존주의는 우리가 이미 어떤 것들의 가치를 높이 평가하고 열망하고 있음을 강조한다. 보부아르에게 있어서 극단적인 형태의 실존주의는 "무익한 고통 속에, 텅 빈 주관성 속에 인간을 가두고", "인간이 선택의 원칙을 세우지" 못하게 만든다.[112] 대신 인간으로서 우리는 이미 어떤 상황 속에 놓여 있다. 즉 우리에게는 이미 많은 가치와 확신,

욕망이 있다. 당신은 바로 이 지점에서부터, 경험된 삶으로부터 윤리적 성장을, 더 나은 가치의 탐색을 시작할 수 있고 또 그렇게 해야 한다. 이런 성장의 여지를 만들기 위해 열린 태도를 유지하면서 당신의 가치와 목표, 노력을 수정해야 한다. 보부아르의 말처럼 "인간은 존재의 모호함을 외면하려 하는 것이 아니라 반대로 그것을 인정하고 깨달아야 한다."[113] 심판자의 관점이나, 완전히 맨땅에서 출발하는 것보다는 지금 이 순간 가치 있다고 경험하는 것에서, 기여할 만한 것에서 출발해 그 위에 쌓아올리는 것이 더 낫다. 보부아르가 일컫는 모호함의 윤리의 핵심에는 배움과 성장에 대한 개방적인 태도가 결합된 가치에 대한 일종의 겸손함이 있다. 그리고 나는 이것이 더 의미 있는 삶의 방식에 도달하기 위한 출발점이라고 생각한다.[114]

인생의 의미에 대해 생각할 때 우주의 기원 같은 거대한 형이상학적 문제에서 시작하지 마라. 대신 당신의 삶의 경험에서 시작하라. 지금 이 순간 이곳에서 시작하라. 최근 경험에 대해 잠시 성찰하라. 어떤 경험이 다른 경험보다 더 의미 있었는가. 그리고 어떤 경험이 별로 의미가 없었는가. 지금의 삶에서 가장 의미 있는 경험이 무엇인지 확인하고 나면 미래에 그런 경험을 더 많이 보장하는 선택을 하는 법에 대해 생각할 수 있다. 어떤 사람과 함께했던 시간이 당신에게 가장 의미 있는 순간이라면 어떻게 하면 그 사람과 더 자주 함께할 수 있는지를 생각하라. 어떤 업무가 다른 일에 비해 당신에게 더 의미가 있다면 어떻게 해야 그 재주를 더 잘 이용하는 경력을 쌓을 수 있을지를 생각하라. 자신의 인생 경험을 출발점으로 삼아서 유의미함과 충만함의 감각을 키워라. 그리고 만일 여전히 약간 막막한 상태라도 걱정하지 마라. 다음 장에서 밝히겠지만 몇 가지 핵심 가치들은 우리 대부분이 일반적으로 인생에서 의미를 얻는 지점을 파악할 수 있게 도와준다.

얄궂게도 인생의 의미에 초점을 맞출 때 우리는 다른 사람들로부터 분리되고, 지나치게 포괄적인 판단과 구별 짓기에 기대어 자기중심적인 메아리의 방에 스스로를 고립시키는 경향이 있다. 가령 당신의 전통적인 믿음 체계가 나의 그것과 어긋날 수 있고, 서로의 의견 차를 존중하지 않을 경우 우리 사이에는 건널 수 없는 강이 만들어질 수 있다. 다른 문화, 다른 출신 배경, 다른 믿음 체계를 가진 사람들을 일상적으로 마주치기 쉬운 오늘날의 초연결 세상에서 이는 지속 가능하지 않다. 하지만 우리가 인생 안에 있는 의미에 집중할 경우 의미의 근원이 얼마나 비슷한지가 한눈에 들어오게 된다. 문화적 배경이 어떻든 간에 사람들의 인생을 의미로 채우는 것은 세계 어디나 다 비슷비슷하다. 인간의 조건은 진정으로 보편적이고, 글로벌한 세상에서 어쩌면 그 어느 때보다 지금, 우리를 하나로 엮어주는 자질, 특성, 필요를 확인하는 것이 중요해졌다. 바라건대 인간의 기본적인 조건을 확인함으로써 우리는 공감과 관용을 배우고, 서로를 더 잘 이해할 수 있다. 문화적 차이와 무관하게 우리가 얼마나 비슷한 방식으로 인생 안에서 의미를 찾는지 더 자세히 들여다보자.

고통과 죽음 앞에서도 의미가 필요할까

　인생의 어느 지점에서 우리는 고통을 겪고, 어떤 사람은 다른 이들에 비해 더 많은 고통을 겪으리라는 점은 인간으로서 피할 수 없는 사실이다. 그리고 결국 죽음이 우리 모두를 하나로 엮을 것이라는 점 역시 슬픈 사실이다. 당신이 천국이나 지옥 같은 사후 세계에 대해, 또는 그런 존재의 영역이 실재하는지 아닌지에 대해 어떻게 생각하든 죽음은 누구도 피할 수 없는 운명이다. 그렇다면 이런 우울한 현실 앞에서 의미를 어떻게 이해해야 할까? 죽음이라는 최후의 변수가 의미의 본질 자체를 비틀어버리는가? 이 모든 고통에, 죽어가는 과정에 의미가 있을까?

　많은 사람들에게 인생의 의미에 관한 질문은 그 사람의 종교적 또는 정신적 믿음에 대한 미리 보기와 같다. 하지만 만일 종교적·정신적 차이에도 불구하고 고통과 죽음을 경험하리라는 사실을 받아들일 경우, 우리는 바꿀 수 없는 운명 또는 가망 없는 상황을 응시하면서도 인생 안에서 의미를 찾는 것이 어떤 뜻인지에 대한 이야기를 시작할 수 있다. 이 책은 고통을 직접 덜어줄 수 없다. 끔찍한 삶의 조건과 비극이 존재하는 것은 사실이고, 그 속에서 고통을 느끼지 않으리라고 스스로를 기만해서는 안 된다. 하지만 동시에 원칙적으로 인생에는 아무런 가치가 없다고 확신할 경우, 어려운 상황을 감당하기가 훨씬 힘들어진다. 이런 상황 속에서도 의미가 있을 수 있다는 희망을 발견하게 되면 도움이 될 것이다. 빅터 프랭클이 《죽음의 수용소에서》에서 밝히듯 "그리고 난 뒤 중요한 것은 가장 물이 오른 인간 고유의 잠재력을 목격하는 것, 즉 개인적인 비극을 승리로 탈바꿈하고, 곤경을 인간의 성취로 전환하는 것이기 때문이다. 우리가 더 이상 상황을 바꿀 수 없을 때―수술이 불가능한 암 같은 불치병을 생각해보라―우리는 자신을 바꿔야 하는 상황에 직면하게 된다."[115] 이런 종류의 변화는 힘들 수 있지만, 아주 지독한 상황에서는 그게 유일한 희망일 수 있다.

고통 외에 유의미함을 돋보이게 만드는 또 다른 상황

은 죽음이다. 어떤 사람들은 영생만이 의미 있는 존재 상태를 보증한다고 확신하는 듯하다. 만물이 언젠가 소멸한다면 지지고 볶을 이유가 뭔가? 2장에서 지적했듯 인생의 덧없음은 우리가 삶의 부조리함과 싸우게 되는 핵심 경로 중 하나다. 죽음이 인생의 밑동을 흔들어놓는다는 사실은 인생에는 어떤 식으로든 영구적인 의미가 있다는 의견에 대한 파괴적인 반론으로 제시되곤 한다. 하지만 영원하지 않다고 해서 왜 아무런 의미가 없는지 나는 그 이유를 모르겠다. 당신이 어떤 꼬마가 강에서 허우적대는 모습을 보았다고 상상해보자. 당신은 지체 없이 물에 뛰어들어 아이를 구할 것이다. 이런 영웅적인 행동은 대단히 가치 있다. 당신은 이 아이의 인생에서 실제로 차이를 만들어냈고, 그것은 유의미하다. 이런 유의미함은 언젠가, 가령 그 아이가 80년 뒤에 세상을 떠난다 해도 줄어들지 않는다. 꼬마가 먼 미래의 언젠가 결국 죽는다 해도, 당신의 행동 덕분에 아이는 수십 년을 더 살 수 있었다. 그러니까 당신이 있었기에 이 아이는 성장해서 흥미로운 경력과 사랑하는 가족, 좋은 친구, 그 외 인생이 그에게 줄 수 있는 다른 모든 것을 가진 건강하고 자신감 넘치는 어른이 될 기회를 얻은 것이다. 당신의 영웅적인 행동이 이런 인생을 가능하게 했고, 이 아이와 관계 맺고 있는 모든 사람들―아이의 부모, 형제, 친구, 미래의 가족―의 인생에서 훨씬 두드러지게 표현된다고 말할 수 있을 것이다.

    유의미함은 인생이 끝난 뒤가 아니라 진행되는 동안에 나타난다. 인간이 성찰을 하긴 해도, 진짜로 인생을 경험하는 것은 현재의 순간에서다. 이런 의미에서 과거는 우리가 현재 경험한 기억들의 누적일 뿐이다. 미래는 현재의 희망과 예측의 투사다. 철학자 그레고리 파파스의 표현처럼 "예견, 사후 판단, 현재의 관찰 모두 현재를 위해 현재에 이루어진다."[116] 그는 유의미함의 비결을 다음과 같이 요약하는 철학자 존 듀이의 말에 동의하며 인용한다. "그러므로 현재 경험의 의미를 증대하기 위해 행동하라."[117] 인생 안에서의 의미는 유의미한 경험과 관련된다. 그리고 내가 아는 한 우리는 지금 당장, 현재의 순간에 그 경험을 한다.

당신이 2020년에 경험했던 유의미함은 2030년이 되었을 때도 당신에게서 사라지지 않는다. 인생은 의미의 정도가 제각각인 다양한 일시적 순간들로 구성되어 있다. 아리스토텔레스의 지적처럼 그것이 영원히 지속되지 않는다고 해서 그 유의미함이 손상되지는 않는다. "게다가 사실 오래 지속되는 흰색이 하루만 지속되는 흰색보다 더 흰색이 아니듯, 선은 영원하다고 해서 더 선하지 않을 것이다."[118] 이는 더 일반적으로 인생의 경우에도 그렇다. 당신이 인생에서 얼마나 많은 유의미함을 경험하는지는 먼 미래의 어떤 신비한 지점에 결정되는 것이 아니다. 그것은 매일, 당신의 삶을 통해 결정된다. 인생 안에서의 의미는 우리가 살아 있는 동안에만 경험할 수 있는 것이다.

죽음을 의식하는 것은 인생이 의미 없다고 느끼게 만드는 것이 아니라 오히려 더 의미 있고 유일무이한 가치가 있다고 느끼게 할 수 있다. 지구상에서 당신의 시간이 제한되어 있음을 알고 있으면 하루하루를 훨씬 값지게 받아들이는 데 도움이 된다. 이 때문에 존재의 유한함을 뼈아프게 느끼게 해주는 근사近死 체험—가령 불치병의 극복—을 한 사람들이 삶의 우선순위를 재설정하고 극적인 변화를 하게 되는 것이다. 당신의 인생이 바라던 바와는 완전히 다르다는 깨달음은 때로 심기를 불편하게 만들 수 있다. 그렇다고 해서 일상을 멈추고 인생에서 정말로 중요한 것이 무엇인지 생각하는 순간을 미루며 방방 떠다닐 수만은 없다. 자기 인생을 책임지고 싶다면 너무 늦기 전에 인생에서 중요한 게 무엇인지 생각해보는 것이 가장 좋다. 고대의 스토아 철학자들과 20세기 실존주의 철학자, 불교도들이 모두 죽음을 인식하는 것을 중요한 인생의 실천으로 추천하는 것은 당연하다. 메멘토 모리memento mori—기억하라, 너는 죽을 것이다—는 서구 역사에서 여러 가지 금욕적이고 영적인 전통의 슬로건이었다. 인생은 짧다. 사무엘 베케트가 《고도를 기다리며》에서 썼듯 "그들은 무덤 위에 걸터앉아서 출산을 하고, 빛이 잠깐 비추고 난 뒤 다시 한번 밤이 온다."[119] 최고의 치유책은 빛이 아직 비추는 동안 남아 있는 하루하루, 한 주 한 주, 한 해 한 해가 그 값을 할 수 있는 방식의 선택을 하겠다고 굳게 결심하는 것이다.

하지만 당신의 남은 하루하루가 당신이 원하는 만큼 의미 있다고 어떻게 보장할 수 있을까? 그 답을 찾기 위해 일반적으로 일상의 경험을 의미 있다고 느끼게 하는 요소들을 살펴보자.

책, 스테이크, 해수욕으로 인생을 음미하기

내 경우 언젠가는 죽을 수밖에 없고 지구상에서의 시간이 한정되어 있다는 인식은 근사 체험이 아니라 어쩌면 철학자에게 적절한 방법일 수 있는 책을 통해 구체화되었다. 나는 열렬한 애서가이다 보니 책 무더기가 곳곳에 쌓이곤 한다. 어떤 무더기는 "반드시 읽어야 함" 분류에, 어떤 무더기는 "곧 읽을 예정" 분류에 들어간다. 어느 날 나는 새 아파트로 이사하고 난 뒤 새 공간에 들어가지 않는 책들을 어떻게 할지 고민에 빠졌다. 그러다 갑자기 정신이 번쩍 드는 생각이 떠올랐다. 발타자르 그라시안의《세상을 보는 지혜》, 군나르 뮈르달의《복지국가를 넘어서》, 또는 마르셀 프루스트의《생트뵈브에 반대하여》를 읽지 못하고 무덤에 들어가게 될 가능성이 아주 높았던 것이다. 사실 내가 죽으면 내 많은 책들은 읽히지 못한 상태로 남게 될 것이다. 여기서 나는 지하창고에 서서 서가를 응시하며 존재의 유한함과 타협하는 중이다. 이 모든 게 펼쳐보지도 못한 몇 권의 베스트셀러 때문이다. 나는 이 문제를 놓고 너무 유난을 떨고 싶지는 않지만 작별의 의미로 책등을 손가락으로 쓰다듬었다는 사실은 인정해야겠다.

내 경우는 책 또는 책을 감상할 수 있는 시간이 유한하다는 앎을 통해 내가 죽을 수밖에 없는 존재라는 이해와 타협에 이르게 되었다고 말할 수 있다. 내 친구의 경우 그것은 자기가 가장 좋아하는 식당에서 먹을 수 있는 스테이크의 수가 제한적이라는 깨달음일 수 있다. 친구가 1년에 세 번 그 식당을 찾고 앞으로 살날이 30년이라면 그가 즐길 수 있는 스테이크는 100개가 채 안 된다.《잠깐, 그런데 왜》로 유명한 작가 팀 어번은 30대 초반임에도 해수욕—그가 1년에 한 번 정도 하는 것—을 즐길 기회가 놀라울 정도로 적다는 사실을 깨달았다. 그는 이렇게 말한다. "이상해 보일 수도 있지만, 나는 앞으로 바다에 60번 정도밖에 더 가지 못할 것이다."[120]

인생은 덧없다. 매 순간을 의미 있게 만드는 것이 최선이다. 비법은 이 하나의 인생이 우리가 아는 한 당신이 가진 전부라는 점을 떠올리며 제한된 하루하루를 음미하는 것이다. 이 아이디어를 균형감 있게 바라볼 수 있으려면, 가령 당신이 어번의 제안처럼 90세까지 산다고 했을 때 당신에게 몇 주가 남아 있는지 세어볼 수 있다. 당신은 그중 얼마나 많은 주를 의미 있게 만들 것인가? 영화 캐릭터인 페리스 부엘러의 유명한 말처럼, "인생은 상당히 빠른 속도로 움직인다. 한 번씩 멈춰 서서 주위를 둘러보지 않으면 놓치기 십상이다."[121]

1주 단위로 나타낸 90년 인생

연중 주(週)수

나이

Waitbutwhy.com에 실린 "1주 단위로 나타낸 당신의 인생" 포스트를 가지고 작성 인생은 어째서 살 만한 가치가 있을까?
아주 좋은 질문이다. 음,
나는 인생을 가치 있게 만드는 것들이 있다고 생각한다.
예를 들자면? 좋다. 내 경우는 하나만 꼽자면 그루초 마르크스, 그리고 윌리 메이스,
〈주피터 심포니〉 2악장, 루이 암스트롱의 '포테이토 헤드 블루스' 음반, 스웨덴 영화, 당연히 플로베르의 《감정교육》, 말런 브랜도, 프랭크 시나트라, 세잔의 믿을 수 없을 정도로 멋진 사과와 배들, 샘우식당의 게 요리, 트레이시의 얼굴….

— 우디 앨런, 〈맨해튼〉, 1979

08

가치를 발견하는
고유한 방식 만들기

　유의미함—당신이 의미 있다고 생각하는 것과 그것을 중심으로 삶을 조직하고자 하는 방식—은 아주 사적이고 대단히 주관적이다. 그것은 전적으로 당신의 독특한 심리적·유전적·사회적 배경과 기질을 가지고 이 세상을 헤쳐 온 당신의 경험에 좌우된다. 사람들이 자기 인생이 의미 있다고 느끼는 방식은 무수하다. 누구에게는 의미 있는 것이 다른 누구에게는 아무런 감흥을 주지 않을 수도 있다. 미국풋볼리그 팀인 패커스의 열성 팬에게는 오랜 고등학교 친구들과 일요일 경기를 관람하는 것이 인생을 가치 있게 만드는 일이 되겠지만, 영화 〈맨해튼〉에 나오는 우디 앨런 배역의 인물에게는 〈주피터 심포니〉 2악장과 교양 있는 뉴욕 시민에게 어울리는 다른 몇 가지 선택들이 그렇다.

　내가 어린 시절 여름철이면 가장 많은 시간을 보냈던 숲 속의 어떤 장소들은 내게 신성한 경계 지역이지만 다른 사람들에겐 그저 돌과 이끼와 나무 몇 그루가 있는 곳일 뿐이다. 이렇게 의미의 근원이 풍부하다는 사실을 부정할 경우 아무런 이익도 얻을 수 없다. 최선은 우리 각자에게는 개개의 역사로 인해 오직 자신에게만 합리적인 고유한 의미의 근원이 있음을 받아들이는 것이다. 하지만 이 다채로움의 이면에는 식별 가능한 공동의 패턴이 있다.[122] 진화의 산물인 인간은 일정한 방식으로 형태가 결정되어왔고, 이는 어떤 의미의 원천은 다른 것에 비해 우리에게 더 쉽게 다가오고 보편에 가까운 호소력을 지닌다는 뜻이다. 이런 원천들을 근거 삼아 의미를 탐색하면 오류를 저지르기 쉬운 우리 인간들이 활용할 수 있는 가장 탄탄한 경로가 될 것이다.

동물적 선호에서 인간의 가치로

> 생명이 시작되기 전에는 그 무엇에도 가치가 없었다. 그러다가 생명이 발생하여 가치를 가지기 시작했는데, 그 이유는 그것이 무언가를 식별해서가 아니라, 가치 있는 생명체(특히 어떤 것들)가 살아남는 경향이 있었기 때문이다.
> — 샤론 스트리트, 《현실적인 가치이론을 위한 다윈의 딜레마》, 2006

가장 단순한 생명체부터 생물학적으로 가장 복잡한 생명체에 이르기까지 동물은 어떤 경험을 다른 경험보다 선호한다. 예컨대 고통보다는 쾌락을, 굶주림보다는 포만감을 선호한다. 종마다 각자의 생존에 필수적인 것으로 판명된 경험에 근거한 독자적인 선호 시스템이 있다. 영양은 물웅덩이에 끌리지만 사자가 시야에 들어오는 순간 도망친다. 인간도 예외가 아니다. 우리 인간에게도 생존에 필요한 것을 손에 넣도록 행동을 유도하는 몇 가지 선천적인 선호가 있다. 인간의 이런 기본적인 본능 중 많은 것이 다른 동물과 겹친다. 하지만 철학자 존 듀이의 연구를 들여다보면 무엇이 인간을 구별 짓는지를 더 잘 이해할 수 있다.

20세기 전반기에 미국에서 가장 중요한 참여형 지식인이자 기능심리학의 아버지로 평가받는 듀이는 "귀히 여김 prizing"과 "평가 appraising"[123]를 구분했고 이는 상당한 영향력을 발휘했다. 어떤 것을 다른 것보다 더 선호하는 행위인 귀히 여김은 대체로 감정에 근거를 두고 자연스럽게 나타난다. 모든 동물은 일종의 귀히 여김에 관여한다. 하지만 인간은 단순한 선호에 안주하지 않는다. 우리의 선호를 의식적으로 평가하고 검토하며, 실제로 어떤 가치가 우리에게 의미가 있고 중시할 만한지를 판단하는 평가에도 간여한다. 우리는 가치라는 게 존재한다는 데 만족하지 않는다. 가치를 정당화하고 싶어 한다. 어떤 가치가 개별적으로든 사회적으로든 승인되어 행위와 실천의 올바름을 평가하는 잣대가 되려면 엄격한 성찰의 시험을 거쳐야 한다. 동물에게는 본능적인 선호와 학습된 선호가 있는데, 우리는 그것을 원형적인 가치라고 부를 수 있다. 오직 인간에게만 자신이 의식적으로 몰두하고 성찰적으로 승인하는 어떤 것으로 이해할 수 있는, 참된 가치가 있다. 그러므로 가치는 인간 경험 외부가 아니라 내부에, 우리가 기꺼이 가장 존중하는 마음으로 품고 있는 일반적인 선호로서 존재한다.

인간의 가치는 믿음직한 도구와 비슷하다.[124] 우리는 사적인 선택의 길잡이로 삼고 사회적·도덕적 관례를 더 잘 지키기 위해 이 도구들을 매일 이용한다. 하지만 가장 고귀한 가치에 대한 우리의 헌신은 워낙 강력해서 그것을 기꺼이 우리 삶의 지침으로 삼고, 극단적인 경우에는 그것을 위해 목숨을 버리기도 한다. 가장 성스러운 가치는 의미 있게 존재하기의 근간이다. 가치를 갖지 못한 인간은 아무런 거리낌 없이 본능을 따르는 동물과 다를 바 없다. 가치는 우리의 존재 수준을 본능적인 생존 게임에 충실한 동물계보다 격상시킨다. 〈노예 12년〉의 등장인물 솔로몬 노섭은 "나는 생존하고 싶은 게 아니다. 난 살고 싶다"라는 명대사를 남겼다. 단순한 생존은 가치 있는 삶에 못 미친다. 인생을 의미 있음이라는 강력한 감각으로 채우려면 몰입할 만한 가치를 인식하고 길러내야 한다.

하지만 인생에 특별한 의미를 부여하는 가치를 어떻게 찾을 수 있을까? 지금 당신은 어떻게 하고 있는가? 과거에는 일반적으로 문화가 모든 사람이 지켜야 하는 가치 체계를 처방했다. 하지만 오늘날 당신은 놀라울 정도로 자유롭게 자신의 가치를 선택할 수 있다. 이 자유를 어떻게 제대로 사용할 것인가? 당신의 가치를 어떻게 강화해 인정받는 사람이 될 것인가?

자기결정이론

에드워드 데시와 리처드 라이언이 공동으로 창안한 자기결정이론은 수백 건의 연구를 바탕으로, 인간의 동기와 필요에 대해 경험적인 연구가 가장 많은 이론 중 하나로 성장했다. 이 이론은 인간은 선천적으로 호기심과 자기 동기를 가지고 있고 성장 지향적인 존재로서 환경의 자극에 반응할 뿐 아니라 내면의 동기, 목적, 가치에 따라 성장과 고결함을 향해 자신의 인생을 적극적으로 자기 규제한다는 단순한 생각을 발판으로 삼는다.[125] 한마디로 인간은 적극적이다. 이 세상에서 방향을 가늠할 때 우리는 그저 의식주 같은 육체적 필요를 충족하는 데 그치지 않는다. 우리는 자연스럽게, 그리고 본능적으로 인생 안에서 더 많은 것을 추구한다. 자신을 표현할 기회, 기술을 배우고 활용할 기회, 다른 사람들과 관계 맺고 있다고 느낄 기회 등등. 인간은 단순한 생존에 안주하지 않는다. 우리는 적극적인 생명체로서 자연스럽게 우리 자신을 위해 할 일과 목표를 설정한다. 우리는 자신을 위한 도전과제를 물색하고 자신의 한계를 극복할 수 있는 혁신적인 방법을 고안하며, 그 과정에서 데시와 라이언이 말한 기본적인 심리적 필요, 즉 "지속적인 심리적 성장, 고결함, 안녕에 반드시 필요한 선천적인 심리적 자양분"의 안내를 받는다.[126] 도토리가 토양, 햇볕, 물이 있어야 건강한 떡갈나무로 자라듯 인간이 심리적으로 건강한 개인으로 성장하려면 어떤 경험들이 필요하다.

기본적인 심리적 필요에 대한 연구들은 인간이 좋은 기분을 느끼고 삶의 활력을 유지하는 데 필요한 이런 경험들을 밝히고자 한다. 만일 당신의 기본적인 심리적 필요가 일시적으로 좌절될 경우 당신은 기분이 나쁘고 불안감을 느낀다. 하지만 필요를 충족할 수 있을 때는 기분이 좋을 뿐 아니라 전반적인 심리적 고결함과 안녕 역시 향상된다. 동시에 이런 필요는 당신이 인생에서 성장을 독려하는 활동에 참여하는 데 도움을 준다. 이런 것들은 육체적 필요처럼 당신의 생존에 직접적으로 연결되지는 않는다는 점에서 성장 지향적이다. 대신 여기에 몸담는 과정에서 그 자체로 가치 있다는 느낌을 받고 나중에 도전과제에 직면했을 때 사용할 수 있는 사회적 관계와 자원, 기술을 쌓게 된다. 다행히 당신의 성장 지향적인 필요에 답하는 일은 충족감을 줄 뿐만 아니라 우리 대부분이 즐기는 일이기도 하다. 그리고 뜻밖의 결말은 다음과 같다. 이런 성장 지향적인 인간의 필요 위에 당신의 핵심 가치를 쌓아올리는 작업은 대단히 의미 있는 삶을 위한 최고의 비법이다.

의미 있는 인생으로 안내하는 길잡이

자기결정이론은 기본적인 심리적 필요로 다음 세 가지를 꼽는다. 자율성, 유능감, 관계 맺음이다.[127] 이 세 가지 필요가 충족될 때 사람들은 더 많은 안녕과 고유한 동기를, 그리고 사실상 인생 안에서의 더 많은 의미를 경험한다.

자율성은 자기 인생의 저자가 되는 것이다. 당신은 자신의 선호에 따라 살아가기 위해 선택을 하고, 개인적으로 흥미롭다고 여기는 자기표현 활동에 참여하며, 당신이 가치 있다고 판단하는 목표를 추구할 수 있다. 유능감은 당신 인생에서 통제권을 쥐고 있다는 느낌을 갖는 것이다. 당신은 자신의 능력에 자신감을 갖고, 자신이 수행한 일에서 솜씨가 좋다는 기분을 느끼며, 자신의 목표를 달성하리라고 믿는다. 유능감은 정적이지 않다. 새로운 것을 배우거나 기술을 더 연마할 때는 유능감이라는 기분을 더 많이 경험할 수 있다. 관계 맺음은 다른 사람들과 연결되어 있고, 그들을 돌보고 돌봄을 받기도 한다는 기분을 말한다. 이 세 가지 기본적인 필요는 자기결정, 안녕, 의미의 감각이 펼쳐질 수 있는 심리적 필요의 삼각편대를 구성한다. 하지만 의미 있는 삶과 관련해, 나는 이 등식에서 중요한 요소가 빠져 있다고 느낀다.

어쩌다가 복잡한 정신적·감정적 구조물을
갖게 된 우리라는 존재의 유형에 대해 알아야,
의미 있는 삶을 사는 데 무엇이 중요한가라는
질문을 시작이라도 할 수 있다.
— 조너선 하이트, 《행복의 가설》, 2006

선의는 흔히 "착한 행동을 하려는 성향"으로 정의된다. 그것은 다른 사람들의 삶, 사회, 또는 세상 일반에 긍정적인 영향을 미치려는 욕망이다.[128] 그것은 이웃이 미소를

짓게 만드는 일상적인 것일 수도, 불타는 건물에 뛰어들어 누군가를 구하는 인생을 바꿀 만한 일일 수도 있다. 크건 작건 당신은 당신의 삶과 행동이 긍정적인 변화를 일으킨다고 느낄 때 자신이 중요한 사람이라는, 자신의 기여가 의미 있다는 기분을 맛본다. 나와 여러 사람이 진행했던 연구는 선의를 심리적 필요 그 자체로 확인하지는 못했지만,[129] 잘 살고 있다는 감각에, 특히 의미 있는 존재라는 감각에 중요한 기여를 하는 것으로 나타났다. 따라서 무엇이 인생을 의미 있게 만드는가와 관련하여, 나는 기꺼이 자율성, 유능감, 관계 맺음, 그리고 선의에 내 돈을 걸겠다.[130]

그러므로 당신의 내면에는 인간으로서 어떤 심리적 필요가 있다. 이런 필요를 충족시킬 수 있을 때 당신은 깊이 있는, 거의 본능에 가까운 충족감과 만족감을 얻는다.

당신의 인생에서 더 많은 의미를 경험하기 위한 다음 단계는 이런 필요ㅡ와 그 충족ㅡ를 내적인 인생 나침반의 핵심 가치로 채택하고 그것을 발판으로 삼는 것이다.[131] 그러므로 모든 내면의 심리적 필요에는 거기에 상응하여 성찰적으로 승인된 가치가 동반되어야 하고, 이런 가치를 추구하는 것은 인생 안에서의 의미라는 감각에 이르는 길이다. 그러므로 자율성의 필요에는 진정성과 자기표현을 중시하는 태도가, 유능감의 필요에는 장악력과 탁월함을 중시하는 태도가, 관계 맺음의 필요에는 소속감을 중시하는 태도가, 선의라는 잠재적 필요에는 기여를 중시하는 태도가 수반된다.

의미 있는 인생을 사는 법에 대한 길잡이를 찾을 때 나의 제안은 이 네 가지를 따라가라는 것이다. 거기에는 강력한 직관적인 호소력이 있고, 그 네 가지를 승인할 경우 개인적으로, 사회적으로 좋은 결과가 나타난다. 이 네 가지 필요는 인간의 본성에 뿌리를 두고 있기 때문에 의미라는 질문에 가치 있는 대답을 제공할 정도로 충분히 탄탄하고 자기정당화를 할 수 있다. 또한 이는 이 네 가지 필요가 어떤 문화적·종교적·경제적 차이에도 구애받지 않고 승인을 받는다는 뜻이기도 하다.[132] 모든 인간이 이미 선천적으로 의미 있다고 생각하는 것을 소중하게 여길 때는 주변인들로부터 당신의 가치 체계에 대한 지원을 받을 수 있을 뿐만 아니라 배경이 다른 사람들 사이에서도 공통분모를 찾을 가능성이 훨씬 높아진다. 당신이 어디 출신이든, 어떤 종교를 믿든, 당신과 이웃 간에 어떤 차이 또는 특이점이 있든 인간의 기본적인 본성은 우리를 하나로 엮고, 여기서부터 당신은 인생 안에서의 가장 강력한 의미와 가치를 얻을 수 있다. 이런 가치들은 직관적이고 몰두할 만한 값어치가 있을 뿐만 아니라, 실천하기도 쉽다.

어떤 목표를 세울 것인가

사람들은 많은 목표와 가치를 좇을 수 있지만, 연구에 따르면 기본적인 필요와 관련된 목표의 추구는 의미 있게 잘 살고 있다는 기분에 이로운 반면, 그것과 관련 없는 목표의 추구는 상황에 따라 심신의 안녕을 오히려 해칠 수 있다. 가령 로체스터대학교의 리처드 라이언, 에드워드 데시, 크리스토퍼 니미엑이 내가 그곳에 도착하기 몇 년 전에 수행했던 한 연구는 졸업을 앞둔 학생들에게 인생 안에서의 어떤 목표를 추구하는 일에 대해 생각해보라고 요청했다.[133] 어떤 목표는 성장 지향적인 기본적 필요와 아주 관련이 많았다. 다른 사람들과 좋은 관계를 맺고, 공동체에 기여하고, 인간으로서 더 성장하려는 욕구 등. 그리고 어떤 목표는 부, 명예 또는 멋진 외모의 추구처럼 좀 더 외적인 본성에 가까웠다. 1년 후 이 학생들에게 연락을 취해 현 상태가 그들의 목표에 얼마나 부합하는지 물어보았다. 결과를 살펴본 연구자들은 첫째, 사람은 추구하는 바를 얻게 된다고 밝혔다. 어떤 목표를 중요하게 여기면 이 목표의 실현에 한 발 가까워지는 경향이 있었다. 좋은 관계를 중요하게 여기는 사람들은 자신의 관계가 깊어졌다고 느꼈다. 멋진 외모를 중요하게 여기는 사람들은 자신의 외모가 나아졌다고 느꼈다. 여기까지는 별로 놀랍지 않다. 무언가를 중요하게 여길 경우 그것을 얻기 위해 노력을 할 것이고, 노력을 하면 그 목표에 한발 다가서게 되기 때문이다.

하지만 연구자들은 목표의 추구가 안녕함에 미치는 영향 역시 확인했다. 기본적인 필요와 관련된 목표에 진척이 있을 때는 잘 살고 있다는 기분이 증가하는 것으로 나타났다. 반면 이런 필요와 관련이 없는 외부적인 목표의 성취에서 진척이 있을 때는 잘 살고 있다는 기분이 향상되지 않았다. 사실 이런 경우는 오히려 걱정이나 다른 부정적인 감정들이 약간 증가했다. 그러므로 부, 명예, 외모를 추구하는 학생들은 그 목표를 성취하는 데 진척을 보이긴 했지만 이런 진척은 잘 살고 있다는 기분을 향상시키기보다는 오히려 좋지 않은 기분이 들게 했다. 목표를 현명하게 선택하라. 자율성, 유능감, 관계 맺음, 그리고 이 경우에는 선의와 관련된 목표들은 당신의 안녕함을 향상시킬 수 있다. 반면 이런 기본적인 필요와 무관한 목표들은 성취를 한다 해도 당신의 기분을 나쁘게 만들 수 있다.

이미 있는 삶을 회복하는

자기결정의 4가지 도구

life 3

사랑, 우정, 의분, 공감을 통해
타인의 인생에 가치를 부여하는 한
당신의 인생은 가치가 있다.

― 시몬 드 보부아르, 《노년》, 1970

09

누군가의 봉투에
당신의 이름이 적히도록 하라
관계 맺음

한 철학자가 술집에 들어갔더니 그 집 죽돌이가 그에게 "인생의 의미가 뭡니까?"하고 묻는다. 그 철학자는 나이고, 사람들에게 내가 하는 일을 밝히면 피할 수 없는 질문이다. 나는 이런 일을 워낙 많이 겪어서 간단한 대답을 준비해놓았다. 일단 나는 그건 인생의 의미에 대한 것이 아니라 인생 안에서의 의미에 대한 것이라고 설명한 다음, 본론에 들어갈 것이다. 본론은 두 부분으로 되어 있는데, 첫 부분은 이렇다. 인생 안에서의 의미는 당신 자신을 다른 사람들에게 의미 있는 존재로 만드는 것이다. 그건 간단하다. 인생의 의미는 잊어라. 당신이 다른 사람들에게 의미 있는 존재일 때 당신의 인생은 당신에게 의미 있어진다. 가령 친구를 돕거나, 사랑하는 이와 특별한 순간을 함께한다거나, 간단하게는 선량한 철학자에게 아주 필요한 맥주를 한잔 사줌으로써 그와 관계를 맺는 식으로 말이다.

자신의 인생이 다른 사람에게 의미 있다고 느낄 때 우리는 자신의 인생 안에서 가치를 발견할 수 있다. 우주는 고요할 수 있지만 친구와 가족, 동료와 공동체는 우리의 인생을 그들의 목소리와 에너지, 생동감으로 채운다. 그리고 우리를 가장 의미 있는 존재로 받아들이는 사람은 우리를 가장 아끼는 사람이다. 철학자 안티 카우피넨의 주장처럼 우리를 사랑하는 이들에게 우리는 대체 불가능한 존재다. 어떤 아이에게 누구든 선물을 사줄 수 있지만 "부모가 손수 만들어준 선물과 같은 의미를 가진 것은 없을 것이다"[134]라고 그는 말한다. 가까운 관계에서는 그저 존재하는 것만으로도 서로에게 고유하고 대체 불가능한 역할을 하곤 한다.

우리가 인간의 본성에 대해 아는 바가 있다면 그건 바로 인간은 사회적 동물이라는 사실이다. 로이 바우마이스터 교수와 마크 리어리 교수는 1995년 《심리학회보》에 실린 영향력 있는 리뷰 논문 〈소속의 필요〉에서 그 이후로 심리학계에서 폭넓은 인정을 받게 된―그리고 명백해 보이게 된―주장을 펼쳤다. "소속의 필요는 인간의 근원적인 동기"라는 것이다.[135] 우리는 무리 지어 살도록, 그리고 서로를 돌보도록 진화했다. 강력한 사회적 관계를 형성하려는 본능은 우리의 인간성 내면에 깊이 자리하고 있다.

하지만 우리의 사회적 본성은 단순히 서로를 돌보는 것보다 더 깊은 차원이다. 인생의 중심을 **내**가 아닌 **우리**로 삼는 것은 인간의 본성이다. 심리학자들은 친밀한 관계를 유지하는 것은 "자아 속에 다른 사람을 포함시키는" 상태라고 설명한다.[136] 사실 신경학 연구는 자신에 대해 생각하거나 사랑하는 사람에 대해 생각할 때, 모르는 사람에 대해 생각할 때는 활성화되지 않는 뇌의 영역이 활성화됨을 보여준다.[137] 뇌는 사회성을 추구하도록 회로화되어 있고, 인간은 다른 사람들과 함께 살도록 설계되어 있다. 프랑스 철학자 모리스 메를로-퐁티의 아름다운 설명대로, "우리는 완전한 호혜성 안에서 서로의 협력자다. 우리의 관점은 서로 혼합되고, 우리는 공통의 세계를 통해 공존한다."[138]

서구의 개인주의적인 문화 때문에 우리는 피아를 아주 분명하게 구분하는 습관을 들이게 되었지만, 타자에게서 그렇게 분리될 수 있는 것은 우리의 일반적인 존재 방식이라기보다는 문화적 산물이다. 우리는 거의 자신의 안녕만큼이나 가까운 사람들의 안녕에 마음을 쓴다. 때로 부모가 되었을 때 그렇듯 자신의 안녕보다 자식의 안녕을 더 신경 쓰기도 한다. 생물학, 신경학 연구, 진화 연구, 사회심리학, 행동경제학, 심지어는 영장류 연구 등 과학 연구의 어느 영역을 들여다봐도 인간은 친밀하고 서로 보살피는 관계를 형성하고자 한다는 증거를, 그리고 이런 관계에서는 피아의 경계가 느슨해지는 것을 확인하게 된다.

관계 맺음이 우리에게 의미의 핵심 원천임을 보여주는 증거는 풍부하다. 플로리다주립대학교의 연구자 너새

니얼 램버트가 한 무리의 학부생들에게 "당신의 인생을 가장 의미 있게 하는 한 가지를 골라달라"고 요청하자, 응답자의 3분의 2가 특정 가족 구성원의 이름을 대거나 좀 더 일반적으로 그냥 가족이라고 답했다.[139] "친구"는 두 번째로 자주 언급되는 의미의 원천이었다. 퓨 리서치센터는 미국인 4000명에게 그들에게 의미 있다는 느낌을 주는 것이 무엇인지 각자의 표현으로 설명해달라고 요청하고서 비슷한 결과를 얻었다. 69퍼센트가 가족을, 19퍼센트가 친구를 언급했던 것이다.[140] 다른 연구 역시 가족이나 친구와 가깝다는 느낌이 인생에서 의미 있다는 기분을 강화해주고, "진정으로 소속감을 느끼는 대상"에 대한 생각은 유의미한 삶에 대한 더 큰 만족으로 귀결됨을 보여준다.[141] 가족, 친구, 그 외 친밀한 관계는 많은 사람들에게 그들의 인생에서 유의미함을 느끼는 핵심 원천이다. 이를 반대로 표현하면 사회적 배제는 무의미함이라는 감정으로 귀결된다고 할 수 있는데 이 역시 사실이다. 연구자 타일러 스틸먼과 그 동료들은 표면적으로는 첫인상에 대한 연구라고 말하고 일군의 학생들을 선발해 참여시켰다. 이렇게 선발된 학생 108명은 자기를 소개하는 몇 분짜리 동영상을 직접 녹음했다.[142] 그리고 이 학생들은 연구자로부터, 다른 학생들에게 동영상을 보여주고 동영상 제작자를 만나고 싶은지 물었는데 아무도 원치 않았다는 말을 들었다(사실 연구자들은 아무에게도 이 동영상을 보여주지 않고 그냥 동영상을 만든 학생들에게 너희는 거부당했다고 이야기한 것이었다). 연구 결과는 예상한 대로였다. 동영상을 만든 학생들은 이런 사회적 배제를 경험하지 않은 다른 집단에 비해 자신의 인생에는 의미가 적다고 평가했던 것이다.

하지만 다른 사람들과의 마주침이 의미의 핵심 원천임을 확인하기 위해 연구까지 할 필요는 없다. 어린 자식 셋(이 글을 쓰는 시점에 두 살, 다섯 살, 일곱 살)을 둔 아버지인 나는 멀리 두리번거리지 않아도 일상에서 가장 의미 있는 순간이 언제인지를 알아낼 수 있다. 퇴근해서 집에 왔을 때, 막내를 무릎에 올리고 있을 때, 다섯 살짜리와 엉망진창으로 몸싸움을 할 때, 일곱 살짜리와 지적이진 않지만 대단히 흥미 있는 대화를 할 때. 이런 순간들은 친밀하고 살갑고 온기로 가득하다. 그리고 정말로 의미 있다. 아이들이 우리의 손길을 요구하지 않을 때 파트너와 함께 보내는 내밀한 순간들 역시 그렇다. 우리는 서로의 눈을 들여다보며 이 사람이 내가 수년 전에 사랑에 빠졌던 그 사람임을 되새길 수 있다. 감상적으로 들릴 수 있지만, 이 목록은 옛 친구, 동료, 나의 부모, 형제자매, 대가족 등으로 이어지고, 당신 역시 별반 다르지 않으리라고 확신한다.

다행히도 현대 사회에서는 반드시 '가족'이라는 근친관계가 아니어도 강력한 관계를 형성할 수 있는 숱한 선택지가 있다. 가령 아이를 갖지 않기로 결정한 내 친구들은 생각이 비슷한 다른 개인들과 공동체를 이루며 살아간다. 나와 같은 축구모임에 있는 몇몇 남자들은 이 축구모임에 워낙 빠져 지내서 최근에는 우리 팀 로고를 문신으로 새기기도 했다. 내 동료 중에는 자신의 시간과 열정과 자원을 자발적으로 활용해 마을 활동에 헌신적으로 참여하면서 동네를 더 활발하고 공동체적인 곳으로 만드는 이들도 있다. 현대의 아름다움은 우리가 의미의 원천을 자유롭게 선택할 수 있다는 점이다. 안타깝게도 많은 근대성이 그렇듯 여기에는 명암이 있다.

개인주의가 공동체에 가져다준 것

나는 니카라과 동부 해안에서 배를 타고 들어가야 하는 인구 2000명의 작은 마을에서 일주일을 보내면서 정신없고 도시화된 현대 세계에서는 잊힌 생활양식을 살짝 엿볼 수 있었다. 공동체라는 감각과 느린 삶의 속도가 바로 눈에 들어왔다. 첫날 저녁에 그 마을의 한 남자와 친구가 되어 함께 동네를 돌아다녔는데, 우리가 만나는 사람 가운데 네 명 중 한 명이 그의 사촌인 것 같았다. 누구도 급한 일이 없어 보였기에 우리는 그때마다 멈춰 서서 수다를 떨었다. 그에게 이 작은 마을은 온 인생과도 같았다. 그는 그곳에서 태어났고, 평생 이 사람들을 알고 지냈으며, 아마 이

자신만을 존중하고 만사를 자기 이익의 문제로
치환하는 사람은 절대 행복하게 살 수 없다.
이웃을 위해 사는 것이 자신을 위하는 길이다.

— 세네카, 《편지》, 65년경

곳에서 늙고 죽은 뒤에는 부모 및 조부모와 같은 묘지에 묻힐 것이었다. 그 마을에서 시간을 보내면 보낼수록 나는 내 집에서의 번잡하고 도시적이고 고립된, 프로젝트 지향적인 생활양식보다 이것이 자연스러운 생활방식이라고 느끼게 되었다.

그러다 보면 당연히 이 해변의 삶을 지상낙원으로 여기고픈 유혹이 들게 마련이다. 가벼운 관찰자이자 외부인인 나는 일상의 드라마나, 당연히 존재하는 사람 사이의 시련과 장애물을 정확히 볼 수 없었다. 가령 그 마을은 서구에서 익숙한 의료시설이 없기 때문에 병에 걸리면 갑자기 비극이 전개될 수 있다. 하지만 나는 그들의 강력한 사회적 유대에서 부러움과 경이로움을 느끼지 않을 수 없었다. 마을 사람들은 수년 동안 알고 지내온 이웃들로 둘러싸여 있었다. 가족과 가까운 친구들은 걸어갈 수 있는 거리에 살았고, 하루를 보내는 동안 마주치는 거의 모든 얼굴이 익숙했다.

인류 역사상 인간은 오늘날의 서구 시민보다는 이 마

을 사람들과 더 가까운 삶을 살았던 기간이 훨씬 길다. 수렵채집 부족들은 탄탄하고 친밀한 공동체들이었다. 농경사회에서는 사람들이 요람에서 무덤까지 같은 공동체 안에 살면서 거의 이동하지 않았다. 상대적으로 오늘날의 서구인들은 뿌리가 뽑히고 고립되어 있다. 대가족은 핵가족으로 대체되었고 친척이 수천 킬로미터 떨어진 곳에 사는 경우가 많다. 우리의 "가장 가까운" 친척들은 더 이상 말 그대로 우리와 아주 가까이 지내지 않는다.

하지만 근대화는 공동체의 쇠락만을 의미하지 않는다. 사실 개인주의는 농부나 수렵채집인들에게는 불가능했던 새로운 형태의 공동체를 낳았다. 우리는 한때 공동체의 특징이던 뿌리내림과 근친관계를 잃었을 수도 있지만, 개인의 가치와 관심을 근거로 공동체에 합류할 자유와 능력을 얻었다. 어떤 이유로든 자신에게 맞지 않는 공동체에서 태어나는 것은 일생의 비극으로 이어질 수 있다. 오늘날에는 종종 상황이 더 낫다. 자신의 세계관과 관심사에 맞는 다양한 공동체를 찾아 들어갈 수 있기 때문이다. 새로운 고등학교, 대학, 일자리, 또는 이웃은 한 사람이 새로운 시선 속에서 정체성을 구축할 수 있는 기회가 되기도 한다.

전통적인 공동체는 때로 일정한 규범과 세계관을 강요하고, 가령 여성에게 열등한 지위를 부여하는 경직된 위계질서를 통해 상당한 억압성을 띠기도 했다. 일부 연구자들이 미국과 서구 세계의 공동체 침식 문제를 놓고 경종을 울렸고, 아마 그중에서 가장 유명한 연구자는 《나 홀로 볼링》이라는 중요한 책을 쓴 로버트 퍼트넘 교수일 테지만, 학계는 지난 수십 년 동안 공동체에 대한 감각이 급격하게 쇠퇴했는지 여부를 놓고 양분된 것으로 보인다.[143] 일부 연구는 개인주의의 심화가 사회적 자본의 확대와 관련이 있을 수 있다고 주장하기도 한다. 미국에서 국가의 개인주의적 색채가 짙어질수록, 국민들은 낯선 사람들을 믿고 다양한 집단에 소속되며, 더 높은 수준의 사회적 자본을 가지게 될 경향이 높아진다는 것이다. 국가 간의 수준에서도 동일한 맥락의 주장이 있다. 42개국을 비교해보았더니 개인주의가 강할수록 단체의 가입 수준과 낯선 사람에 대한 신뢰가 높아지는 경향이 비슷하게 나타난 것이다. 그러므로 위리 알리크와 아누 레알로 같은 일부 연구자들은 이렇게 주장한다. "개인주의는 사회적 자본이 성장하기 위한 전제조건이다. 개인 간의 자발적인 협력과 파트너십은 개인에게 자율성과 자기통제, 성숙한 책임감이 있을 때만 가능하다."[144]

근대화와 개인주의가 공동체와 소속에 대한 우리의 감각과 맺는 관계는 복잡하다. 어떤 형태의 공동체는 쇠락할 수 있지만 다른 형태의 공동체는 확대되고 있는 듯하다. 일생 동안 유지되던 우리 선조들의 근친 공동체는 잃었을 수 있지만, 비슷한 성향의 사람들과 함께 개성을 꽃피울 수 있는 공동체에 자발적으로 참여할 기회를 얻었다. 그럼에도 불구하고 만일 우리가 우리 인생을－그리고 자녀와 증손자녀의 인생을－더 의미 있게 만들고자 한다면 우리에게 가능한 형태의 공동체를 강화하기 위해 협력할 필요가 있다. 의미는 관계 맺음에서 온다.

의미 있게 잘 살고 있다는 느낌을 향상시키는 가장 쉽

고 좋은 방법은 렌즈를 갈아 끼우는 것일 때가 있다. 자기 자신보다는 다른 사람과의 관계 맺음에 더 집중하는 것이다.

잘 살기 위한 하나의 공식

제바스티안 페텔이 F1 최연소 세계 챔피언―그리고 연속 4회 우승자로 전 세계의 우상이자 백만장자―이 되기 몇 년 전 그의 주치의 아키 힌차는 그에게 종이 한 장과 봉투를 주었다. 그의 인생에서 가장 중요한 사람들의 이름과 그 이유를 적으라는 것이었다. 페텔은 시키는 대로 하고 나서 종이를 봉투에 넣고 봉했다. 힌차는 이런 말과 함께 그 봉투를 간직하라고 조언했다. "성공하면 더 많은 사람들이 당신 인생의 일부가 되려고 할 겁니다. (…) 이 종이를 보고서 당신의 진정한 친구가 누구인지 확인하고 그들과 연락하는 걸 잊지 말도록 해요."[145] 힌차 박사는 때로는 몇 달짜리 항해나 외딴

섬에 같이 데려갈 사람의 목록을 적어보라는 식의 요구를 하면서 이 방식을 많은 고객들에게 사용했다. "직접 생각해내세요. 누구를 데려갈 거죠? 당신에게 정말로 중요한 사람, 함께 있는 것만으로도 생기와 의미가 솟아나는 그런 사람을 떠올릴 수 있나요? 그런 사람이 떠오르면 지금 그들에게 얼마나 많은 시간과 에너지를 쏟고 있는지 생각해보세요. 그리고 당신과 그들과의 교류를 생각해보세요. 당신은 그들을, 당신 자신을 진심으로 진정성 있게 대하고 있나요?"

힌차의 고객 중에는 아주 유능하고 성실하며 성공했지만, 종종 자신의 경력을 위해 의미 있는 가족관계와 우정을 희생하고 도외시한 사람들이 많았다. 가령 한 경영자는 정기적으로 아내와 아이들을 데리고 이색적인 장소에서 호화로운 휴가를 보내곤 했다. 그곳에서 그는 아이들을 다양한 모험 프로그램에 등록시키고 아내를 스파로 보내곤 했다. 가족을 모두 내보내고 난 뒤 그는 오랫동안 업무를 처리했다. 이런 일이 어쩌다 한 번씩 일어난다면 별일이 아니지만 이런 행동이 습관이 되면서 인생이라는 큰 그림에 문제가 발생했다. 아이들은 모험을 좋아하고 아내는 스파에서 즐거운 시간을 보내며 고마움을 느낄 수도 있지만, 이런 호사를 누린다는 것이 가족 간의 친밀함을 잃는다는 의미일 때 이색적인 휴가는 부자관계나 부부관계의 긴장을 치유하지 못한다. 운동선수 고객과 기업 경영자 고객 모두에 대한 힌차의 일반적인 조언은 동일했다. 그것은 바로 당신이 사랑하는 사람과 시간을 보내는 것이 맨 먼저여야 한다는 것이다.

11~13세 아이들이 부모에게 무엇을 바라는가를 가지고 학위 논문을 쓰기 위해 핀란드 연구자 레나 발코넨이 그들을 인터뷰해보니 가장 자주 언급되는 희망 사항 중 하나가 시간이었다. 열두 살 소년은 "부모님은 가족이 먼저고 일은 그다음이라는 걸 아셔야 한다"라고 적었다. 이런 가족과의 시간은 아주 특별할 필요가 없다. 대부분의 아이들은 요리, 이야기, 청소, 음악 듣기, 캐치볼, 그냥 함께 어울리기 같은 일상적인 것들을 부모와 하고 싶어 한다. 한 아이의 표현처럼 "부모님은 집에 '그냥 있어야' 한다."[146]

젊은 제바스티안 페텔의 이야기로 다시 돌아가보자. 페텔은 힌차의 방식에서 중요한 통찰을 얻었다. 몇 년 뒤 그가 전 세계적 우상이 되자 모든 사람이 그에게 콩고물을 바랐다. 그는 봉투에 든 내용을 기억하고 수년간 자신의 내부 집단을 조심스럽게 보호했으며, 미디어의 광적인 관심과 명예를 누리면서도 가장 가까운 가족과 친구들을 위한 시간을 만들었다. 그는 지금도 어린 시절의 친구인 한나 프라터와 함께이고, 그녀와의 사이에 두 아이를 두고 있다. 그는 얼마나 많은 성공을 거머쥐든 의미 있게 잘 사는 삶의 비밀은 정말로 믿고 아끼고 사랑할 수 있는 몇 명을 자기 인생에 두는 것임을 깨달았다. 수개월 동안 비좁은 배에서 함께 부대끼든, 외딴섬에 함께 표류하든, 인간으로 살아가면서 겪을 수밖에 없는 일상적인 고역을 그저 견디든, 그들은 무슨 일이 있어도 당신이 곁에 두고 싶은 사람들이다. 그들은 당신의 인생을 더 낫게 만들고, 당신도 그들에게 그런 사람이 될 것이다. 당신이 운이 좋다면 당신이 사랑하는 누군가의 봉투에 **당신의** 이름이 적혀 있으리라.

인간이 얼마나 이기적이든, 본성에는
분명 몇 가지 원칙이 있다.
인간은 다른 사람의 운명에 관심을 갖고,
다른 사람의 행복을 자신에게
반드시 필요한 것으로 여긴다.
그것을 구경하는 즐거움 외에는
거기서 아무것도 얻지 못하면서.

― 애덤 스미스, 《도덕감정론》, 1759

10

타인을 통해
당신의 인생에 기여하라
선의

    1945년의 크리스마스이브, 뉴욕 베드퍼드폴스라는 작은 마을에서 조지 베일리가 검은 물을 응시하며 다리 위에 서 있었다. 그는 죽기로 결심했다. 사업은 망하는 중이고 꿈은 이루지 못했다. 자포자기해 술에 취한 그는 헤어나올 방도를 찾지 못한다.

    프랭크 카프라의 고전 〈멋진 인생〉은 역대 가장 많은 사랑을 받은 영화 중 하나다. 조지 베일리가 다리에서 막 뛰어내리려는 순간, 클래런스 오드바디라는 이름의 천사가 나타나서 물에 뛰어든다. 그러자 조지는 자신의 계획을 잊은 채 그를 구해야 한다는 의무감을 느낀다. 나중에 조지가 천사 클래런스에게 "내가 없었다면 다들 훨씬 더 잘 살았을 것"이라고 말하자 클래런스는 조지에게 꾸준히 공감하며 자리를 지킨 그가 없었더라면 인생이 어땠을지를 보여주기 위한 행동에 돌입한다. 그 뒤 조지는 그가 없는 현실에 들어가서 경악을 금치 못한다. 동생은 죽었고, 삼촌은 보호시설에서 지내며, 아내는 혼자다. 마을 전체가 끔찍한 상황인 것이다. 조지는 자신이 자기 가족을 비롯한 마을 사람들의 인생에 긍정적인 영향을 미쳤음을 곧 이해한다. 그와 그가 했던 많은 개인적인 선택과 희생 덕분에, 많은 주변 사람들이 훨씬 잘 지내게 된 것이다. 자살을 하려던 조지의 욕망은 집에 돌아가서 자신이, 그리고 자신을 아끼는 사람들을 위해 그곳에 있고자 하는 바람으로 바뀌게 된다.

인생 안에서의 의미는 앞서 언급했듯 다른 사람들에게 당신을 의미 있는 존재로 만드는 것이지만 여기에는 최소한 두 가지 방법이 있다. 우리는 가까운 관계인 사람들에게 의미 있는 존재일 뿐만 아니라, 우리가 긍정적인 방식으로 인생에 영향을 미칠 수 있는 사람들에게 역시 의미 있는 존재다. 이는 인생 안에서의 의미의 두 번째 중요한 원천이다. 당신이 이 세상에 아무리 작은 방식으로라도 기여할 때 당신은 인생에서 의미 있다는 느낌을 받게 된다.

각별하게 의미 있는 인생을 살았던 사람에 대해 생각해보자. 아마 마틴 루서 킹 주니어, 마하트마 간디, 넬슨 만델라, 또는 마더 테레사 같은 이름들이 떠오를 것이다. 이들의 공통점은 이들의 행동이 전 세대의 인생에 긍정적인 영향을 미쳤다는 사실이다. 우리가 이들을 의미 있는 인생의 귀감으로 여기는 이유는 이들이 전 세계에 비범한 기여―종종 상당한 개인적 희생을 치르고―를 했기 때문이다. 27년간 옥고를 치르고 석방된 뒤 ANC(아프리카민족회의) 지도자가 되었고 남아프리카공화국의 대통령으로서 아파르트헤이트와 흑인 억압의 한 세기를 종식시킨 넬슨 만델라를 생각해보자. 그는 용서와 비폭력 정책으로 남아프리카공화국이 수만 명의 죽음과 극심한 고통으로 귀결될 게

뻔한 내전으로 치닫지 않게 막을 수 있었다. 만델라가 세계사에 미친 영향은 엄청나게 긍정적이었고, 이는 그의 인생이 진정으로 의미 있는 존재의 귀감으로 그토록 자주 거론되는 이유 중 하나다. 이와 유사하게, 특히 의미 있는 직업에 대해 생각할 때 보통 소방관, 간호사, 의사 같은 직업이 먼저 떠오른다. 이번에도 공통점은 이 모든 직업들이 다른 사람들의 인생에 긍정적인 기여를 한다는 사실이다. 우리가 무언가의 의미 있음 또는 의미 없음에 대해 이야기할 때는 사실 그 일이 다른 사람들과 더 넓은 세상에 긍정적인 영향을 미치는지에 대해 이야기하고 있는 경우가 많다.[147]

따라서 일반적으로 사람들이 연구자들이 말하는 타인에게 이로운 행동을 의미 있는 행위로 여기는 경향을 보이는 것은 당연하다. 몇 년 전 나는 리처드 라이언 교수와 함께 이 이론을 검증해보기로 했다.[148] 우리는 로체스터대학교 학생들에게 간단한 컴퓨터 게임을 하라고 요청했다. 학생들은 컴퓨터 화면 상단에 있는 단어 한 개와 하단에 있는 단어 네 개를 읽었다. 그다음 그들에게 상단의 단어와 의미가 같은 단어를 하단의 네 개 단어 중에서 고르라고 요청했다. 20분 동안 이 게임을 하고 난 뒤 우리는 학생들에게 게임을 하면서 어느 정도의 유의미함을 경험했는지 평가하도록 했다. 직장에서 쓸데없는 업무를 해본 적이 있다면 아마 이런 게임이 유의미함이라는 측면에서 어느 정도의 평가를 받을지 짐작할 수 있을 것이다.

참가자의 절반은 지시받은 대로 게임을 했다. 하지만 나머지 절반에게는 답을 맞힐 때마다 전 세계의 굶주리는 사람들을 돕기 위해 유엔 세계 식량 프로그램에 소액의 기부가 이루어진다고 이야기했다. 정확히 똑같은 게임이었지만 긍정적인 기여의 가능성이 있었던 것이다. 나중에 보니 두 집단 사이에는 분명한 차이가 있었다. 기여집단이 통제집단에 비해 그 게임의 의미를 상당히 높게 평가한 것이다. 우리는 아무리 지루한 업무라도 누군가에게 도움이 되는 일이라면 기꺼이, 어쩌면 훨씬 열렬히 지루함을 무시하려는 경향이 있는 것 같다. 그러므로 이 연구를 비롯한 여러 심리학 연구[149]는 당신의 인생에서 의미를 느끼려면,

다른 사람들의 인생에 의미 있는 기여를 하고 있다고 느낄 방법을 찾으라는 간단한 결론을 가리킨다.

타인을 돕는 일이 건강에 미치는 영향

공감은 인간의 안녕에 중요하다.
그 대상뿐만 아니라 주체에게도.
— 모니카 윌린·제인 더턴, 《효과적인 공감 일깨우기》, 2017

다른 사람을 돕는 일은 당신이 의미 있는 존재라는 기분을 향상시킬 뿐만 아니라 당신의 인생에도 구체적인 이득을 가져올 수 있다.[150] 브리티시컬럼비아대학교의 한 연구팀은 고혈압이 있는 고령의 참가자 집단에게 용돈을 지급했다.[151] 모든 참가자는 연속 3주 동안 매주 40달러를 받았다. 하지만 참가자 절반에게는 그 돈을 자신을 위해 쓰라고 지시한 반면, 다른 절반에게는 남을 위해 쓰라고 요청했다. 친구에게 선물을 사준다거나, 자선단체에 기부한다거나 등등의 방식으로. 연구자들은 3주 전후로 두 집단의 혈압을 측정했다. 다른 사람에게 돈을 쓴 참가자의 혈압(수축기와 확장기 모두)은 자신에게 돈을 쓴 참가자에 비해 크게 낮아졌다. 게다가 혈압의 감소 수준은 규칙적인 운동이나 건강한 식습관에 돌입한 효과와 비슷했다.

그러므로 다른 사람을 도울 때는 조심하시길. 당신도 모르게 당신의 건강에 이로운 영향을 미칠 수 있으니까. 최악의 경우에는 수명이 길어질 수도 있다! 노인 846명을 대상으로 한 어떤 연구는 5년간 사망률의 예측 변수로서 사회적 지원을 주는 것과 받는 것의 차이를 비교했다. 직관적으로 생각하면 사회적 지원을 받는 것이 당사자에게 좋을 것 같지만, 연구 결과는 달랐다. 사회적 지원을 **주는 쪽**의 장수 예측도가 더 높았던 것이다. 친구, 친척, 이웃에게 중요한 지원을 제공한 사람들과 배우자에게 감정적 지원을 제공한 사람들이, 사회적 기여가 적은 참가자에 비해 연구 기간이 끝났을 때도 살아 있을 가능성이 더 높았다.[152] 이런 결과는 연구자들이 신체적 건강, 정신건강, 성격, 결혼 상태 등 다양한 인구학적 요인들을 통제했을 때도 동일했다.

규칙적인 자원봉사가 장수에 기여함을 보여주는 연구도 10여 건에 달한다.[153] 다른 누군가를 돕는 일은 일반적으로 스트레스가 사망률에 미치는 부정적인 영향마저 완화할 수 있다. 디트로이트 인근의 연구 참가자 800명을 대상으로 확인한 결과, 스트레스를 유발하는 사건은 그 전해에 타인에게 도움을 준 적이 있는 사람들 사이에서는 이후 사망률에 영향을 미치지 않았지만, 도움을 준 적이 없는 사람들 사이에서는 영향을 미치는 것으로 나타났다.[154] 또한 사랑하는 사람이 병에 걸려서 돌봐야 하는 상황이 되면 그 돌봄 제공자는 부담을 느낄 거라고 생각하기 쉽다. 하지만 배우자가 떠나가는 과정을 지켜보며 받는 스트레스와 슬픔이 분명 큰 부담인 것은 맞지만, 적극적인 돌봄 행위는 돌봄 제공자의 장수에 긍정적인 영향을 미칠 수 있다. 3000여 명의 고령 기혼자를 대상으로 한 전국 규모의 연구에 따르면 여러 가지 인구학적 변수와 건강 변수를 통제했을 때, 배우자를 적극적으로 돌보는 데 주당 14시간 이상을 쓴 사람들이 더 장수하는 것으로 나타났다.[155]

다른 사람을 지원하는 일은 장수와 건강에 기여하는 데 그치지 않고 돌봄 제공자를 더 행복하게 만드는 경향도 있다. 브리티시컬럼비아대학교의 엘리자베스 던 교수는 실험 참가자들에게 5달러를 주면서 한 집단에게는 자신을 위해 쓰라고 하고, 다른 집단에게는 남을 위해 쓰라고 했다. 그 결과 후자의 집단이 더 큰 행복감을 표현하는 것으로 나타났다.[156] 그리고 이는 그녀의 고국인 캐나다에서만이 아니라 우간다, 남아프리카공화국, 인도 등 전 세계적으로도 그렇다는 것을 그녀의 동료 라라 애크닌이 보여주었다.[157] 애크닌은 태평양의 섬나라 바누아투에 있는 작고 고립된 농촌 마을에서 같은 연구를 실시했다.[158] 심지어 그곳에서도 다른 사람들을 위해 물건을 구입하는 행위는 자신을 위해 물건을 구입하는 행위에 비해 더 긍정적인 감정을 유발했다. 그러므로 남을 돕는 행위에서 좋은 기분을 느끼게 만드는 무언가가 인간의 본성 안에 들어 있고, 이는 보든 문화권에서 적용되는 듯하다. 다양한 신경학 연구는 너그러운 기부가 사실상 뇌의 보상중추를 활성화한다는 것을 추가로 확인해주었다.[159]

그러므로 다른 사람을 위한 작은 선행은 의미가 있을 뿐만 아니라, 심신의 건강과 안녕을 향상시키는 훌륭한 보약일 수 있다.

기여하는 여러 방법

기여가 인생에서 안녕과 건강과 의미를 제공하는 그토록 강력한 원천이라면, 기여를 할 수 있는 최상의 방법은 무엇일까?

첫째, 거창하게 만델라처럼 "나라 구하기"식의 기여를 할 필요는 없음을 기억하라. 연구를 통해 알 수 있듯, 아주 작은 기부행위도 의미 있다는 기분으로 이어질 수 있다. 우리가 하는 대부분의 의미 있는 기여는 소소하고 평범하지만, 그래도 여전히 우리의 일상을 의미 있는 순간들로 가득 채운다. 당신이 사랑하는 사람 또는 아끼는 사람을 정말로 기쁘게 해주었던 순간을 떠올려보라. 아마 당신은 배우자를 위해 몰래 촛불로 분위기를 낸 저녁식사를 준비했을 수도 있고, 가까운 친구가 개인적인 문제를 극복해나가는 것을 도왔을 수도 있다.

 이 주제에 대해 수업을 할 때 나는 학생들에게 다음 수업까지 무작위로 세 가지 친절한 행동을 하라고 주문하곤 한다. 학생들의 "기여"는 배달원에게 오렌지주스 한 잔 대접하기, 조부모와 오후를 함께 보내기, 복잡한 동네 골목길에서 헤매는 관광객을 돕기 등 다양했다. 그러고 난 뒤 수업시간이 되면 우리는 우리의 다양한 기여와 이를 통해 어떤 기분을 느꼈는지에 대해 이야기한다. 이야기는 항상 고무적이고 실습은 수업의 하이라이트가 되었다. 학생들이 다른 사람을 위해 노력하는 창의적인 방식을 듣는 일은 기분을 고양시킬 뿐만 아니라, 감동적이다. 일부 학생들은 자신과 자신이 도운 사람(또는 사람들) 사이에서 깊은 유대를 경험했다고 밝힌다. 이런 소소한 친절이 그들의 하루를 기분 좋게 만들었고, 관계 맺음과 유의미함이라는 따뜻한 기분으로 이어졌으며, 이는 우리가 다른 사람을 돕는 것은 결국 우리 자신을 돕는 거라는 점을 아주 사실적이고 직접적인 방식으로 보여준다.

인생에서 기여를 할 수 있는 더 심오한 방법을 찾고 있다면 가장 확실한 방법은 일일 때가 있다. 분명하고 긍정적인 영향을 미치는 어떤 일을 하루에 여덟 시간 또는 그 이상을 할 수 있는 직업에 종사할 정도로 운이 좋은 사람들은 이미 의미 있는 인생의 원천을 자기 삶 속에 가지고 있는 것이다. 이런 경우는 자기 일의 선한 영향력을 그저 되짚기만 하면 된다. 예일대학교 에이미 브제스니에프스키 교수는 한 연구에서 병원 잡역부들에게 자신의 직업을 어떻게 생각하는지 표현해달라고 요청했다. "그냥 청소하는 일"이라고 밝힌 사람들도 있었지만 "그 일과 자신을 환자를 치료하는 데 있어서 중요하다고 여기는" 사람들도 있었다.[160] 그들은 병원의 높은 위생 수준을 유지하는 데 일조했기 때문이다. 똑같은 일을 하면서도 그것을 바라보는 방식은 달랐는데, 이를 위해서는 자신이 직장에서 어떤 기여를 하고 있는지 생각하려는 의식적인 노력만 있으면 될 때가 있다.

당신이 하는 일이 거창한 임무와 무관할 경우 개별 고객이나 동료를 돕는다는 보상적인 결과에서 기쁨을 얻을 수 있다. 최근 한 동료는 토요일마다 우리 회사에서 고마움을 전하고 싶은 한 사람을 생각해낸 뒤 슬랙이라고 하는 내부 소통 채널에 그 사람에 대한 감사의 글을 올리자고 제안했다. 이제 우리가 주중에 서로를 돕는 모든 사소한 방식들이 모두의 눈에 띄게 되었다. 이런 감사의 글을 읽다 보면 가슴이 훈훈해지고 회사 안에서 기여와 공동체라는 감각이 더 탄탄해지는 데도 도움이 된다.

직업 이외의 영역에서는 자원봉사 활동, 기부, 친구나 가족 또는 이웃에게 도움 주기, 강하게 동의하는 정치적 대의나 캠페인 지원하기 등을 통해 기여하는 방법을 찾을 수도 있다. 어떤 일을 하든 복잡할 필요가 없다. 찾기만 하면 의미 있는 기여를 할 수 있는 기회는 많다. 가령 오스트레일리아 멜버른에 있는 수프플레이스의 경우를 생각해보자. 그곳의 손님들은 "선행 나누기" 정책에 따라 수프 한 끼를 살 때마다 노숙자 한 명이 한 끼를 먹을 수 있도록 추가로 3.5달러를 더 낸다. 이 방식이 워낙 인기가 있어서 식당의 벽 한 면에는 가져갈 수 있는 공짜 식사 티켓이 가득하다.

이기적으로 도와라

사소한 경고 하나. 좋은 것도 지나치면 독이 될 수 있다. 우리가 타인의 안녕에만 집중하면서 항상 그것을 우선시할 경우 우리 자신의 필요를 무시할 위험이 있다. 자신의 가족이나 원대한 전 지구적 대의에 봉사하기 위해 자신의 행복을 희생한 사람들의 비극적인 이야기는 너무나 많다. 와튼스쿨의 친사회적인 기부 관련 전문가인 애덤 그랜트 교수는 돕는

공감은 우리 모두에게 의미가 있다. 공감은 우리를
풍요롭고 기품 있게 만든다. 당장 돌봄을 제공하거나
받고 있는 상태가 아니더라도 말이다. 공감은 좋은
사회의 상을 제시하고, 우리가 모방할 수 있는 돌봄의
구체적인 사례를 보여주며, 우리를 사회의 너른
관계망의 구성원으로 자리매김하게 한다.

— 로버트 우스나우, 《공감의 행동》, 1991

것은 선한 행위이지만 전략적이고 자기중심의 선택이어야 한다고 강조한다. 그에 따르면 "사람들을 기쁘게 하는 것과 돕는 것 사이에는 큰 차이가 있다."[161] 싫다고 말하지 못해서 누가 부탁을 할 때마다 돕는 것은 당신이 정말로 돕고자 하는 누군가를 전략적으로 선택해 돕는 것과는 완전히 다르다. 많은 실험에 따르면 동기가 자율적인 도움은 돕는 사람의 안녕을 향상시키지만, 억압이나 강제에 의해 다른 사람에게 좋은 일을 하는 경우에는 그렇지 않은 것으로 나타났다.[162] 우리는 싫다고 말하는 법을 배움으로써 우리의 관심사와 재능을 최고로 잘 활용할 수 있는 때와 장소에, 그리고 투자에 대한 가장 높은 가성비를 뽑을 수 있는 곳에 집중할 수 있다. 시도 때도 없이 모든 사람을 도우려고 하지 마라. 당신이 돕고 싶은 사람만을, 가장 큰 목소리로 요구하는 사람이 아니라 당신의 도움으로 가장 큰 혜택을 받을 사람을 도우라.

사람은 섬이 아니다. 인간은 사회적 존재로서 자신을 돌보려는 욕구와 다른 사람을 돌보려는 욕구 모두를 갖고 있다.[163] 자신만을 돌보거나, 다른 사람만을 돌보는 극단의 선택이 잘 살고 있다는 기분을 해치는 것은 이 때문이다. 두 경우 모두 인간성의 일부가 제대로 발현되지 못하고 질식한다. 균형을 잡는 것이 핵심이다. 하지만 개인주의와 뻔뻔하게 자기이익만 추구하는 시대에 이런 균형에 도달하려면 주변인을 도울 수 있는 가장 좋은 방법을 찾기 위한 노력을 의식적으로 기울여야 한다.

당신 자신을 믿으라.
모든 심장은
그 쇠줄에 맞춰
진동하나니.

― 랠프 왈도 에머슨, 《자기신뢰》, 1841

11

내가 선택한 방식대로
살아갈 자유

자율성

　두 살짜리 내 아들은 그 또래의 다른 아이들처럼 걷지 못한다. 황소처럼 우뚝 제자리에 서 있거나, 아니면 달린다. 중간이 없다. 어떤 것이 녀석에게 외압을 가한다고 인식하거나 느끼면 거기에 참여하기를 뚝심 있게 거부한다. 반대로 뭔가가 아들의 내면에서 점화되었을 때, 내부에서 어떤 힘이 발생할 때 나는 그런 순간을 알아볼 수 있다. 아들의 기쁨과 흥분은 빤히 눈에 드러나고, 이런 경우 앞뒤 재지 않는 달리기가 녀석의 유일한 선택지인 것 같다. 어린 아이의 경우는 어떤 행동이 외압에 의한 것인지 내적 동기에 의한 것인지를 쉽게 판별할 수 있다. 그리고 아이가 거기에 대해 어떤 기분을 느끼는지도 아주 분명하게 알 수 있다. 외압에 의한 행동에는 불퉁한 얼굴과 눈물이 따라오지만, 내적 동기에 의한 행동에는 심장을 녹이는 미소와 웃음이 따라온다.

　인간의 위대함은 내면에서 승인된 활동, 우리가 자기 안에서부터 우러나오는 것을 할 자유가 있다는 점에 있다. 우리는 서로 손을 잡는다. 사랑을 한다. 글을 쓰고 말을 한다. 창작을 한다. 노래를 부르고, 춤을 추고, 웃고, 달리고, 기어오르고, 폴짝 뛰어오른다. 우리는 신이 나서 어떤 활동에 몰두한다. 때로는 어떤 활동이나 자기표현 방식에 너무 끌린 나머지 빨리 시작하고 싶어서 어쩔 줄 몰라 한다. 우리에게는 스스로를 표현하고 실현할 자유가, 즐거운 일을 할 자유가 있다. 한마디로 우리는 진정성의 방향을 따라 행동할 수 있다. 진정성이란 인생 경로가 자신이 정한 방향과 선택에 따라 흘러간다는 기분이다. 그리고 이는 인생 안에서 의미를 느끼는 데 대단히 중요하다. 의미는 연결에 대한 것이다. 앞의 두 장에서 다른 사람들과의 연결이 지닌 중요성을 강조했지만, 자신과의 연결 역시 똑같이 중요하다. 그렇지 않으면 우린 그저 빈껍데기일 뿐이다.

자신이 선택한 방식대로 살아갈 수 있다는 것, 자신이 선택한 활동을 한다는 것에는 중요한 의미의 근원이 숨어 있다. 철학자 리처드 테일러는 "이상한 유의미함"에 대해 이야기하는데, 이는 "관심이 있는 곳에서" 활동을 할 수 있는 상황을 의미한다.[164] 이는 다시 "여기서 우리에게 주어진 일을 그냥 하려는 내면의 충동"을 충족시킨다. 이런 의미에서 진정성의 방향을 따라 살아갈 수 있는 것은 그 자체로 고유한 가치다. 철학자 로런스 베커는 이보다 훨씬 강력하게, "자율적인 사람의 인생에는 가격을 넘어서는, 측정과 비교가 불가능하고 한계가 없는 위엄이 있다"라고 주장한다.[165] 심지어 톨스토이는 인간의 활동을 이끄는 데 있어서 자기표현의 힘을 인정하면서 이렇게 말했다. "모든 것 안에서, 내가 써내려간 거의 모든 것 안에서, 나를 이끈 것은 서로 연결된 생각들을 엮어서 자기표현을 완수해야 할 필요였다."[166]

심리학 연구는 인생 안에서 의미를 찾는 데 진정성이 중요하다는 철학자들의 주장을 뒷받침해준다. 텍사스 A&M대학교의 리베카 슐레겔과 그녀의 동료들은 다양한 형태의 진정성과 자기표현이 어떻게 인생에서 더 강한 의미를 경험하는 것으로 연결되는지를 보여주었다. 한 연구에서 슐레겔은 일군의 학생들에게 자신의 "진짜 자아"에 대해, "자신을 진짜 어떤 사람이라고 생각하는지"에 대해 최대한 상세히 설명해달라고 요청했다.[167] 다른 집단에게는 일상생활에서 실제로 어떻게 행동하는지를 가지고 "일상적인 자아"에 대해 작성해달라고 요청했고, 세 번째 집단에게는 구내서점에 대해 작성해달라고 했다. 작문 과제를 끝내고 난 뒤에는 학생들에게 인생 안에서 자신이 느끼는 의미에 대해 평가해달라고 요청했다.

연구자들은 진짜 자아에 대한 설명이 세세할수록 자아에 대한 이런 감각을 진정성 있게 유지할 가능성이 높다는 가정 아래 참가자들이 각자의 에세이에서 얼마나 세세한 내용을 적었는지에 관심을 가졌다. 당연하게도 일상적인 자아나 구내서점에 대한 글을 쓴 학생들의 경우, 세부사항의 양은 인생에서 느끼는 의미와 아무런 관련이 없었다.

하지만 진짜 자아에 대한 글을 쓸 때는 에세이가 자세할수록, 평균적으로 인생에서 더 많은 의미를 경험했다. 슐레겔과 다른 사람들이 수행한 이 연구와 그 외 다른 연구들은 자신의 진정한 자아를 의식하는 것이 인생 안에서 더 많은 의미를 느끼는 것과 연결되어 있음을 보여준다.[168] 여기서 슐레겔의 경험 연구는 수십 년 전 칼 로저스와 에이브러햄 매슬로 같은 위대한 인본주의 심리학자들이 주장했고, 좀 더 최근에는 자기결정이론이 천명한 내용을 뒷받침한다. 즉 자율성은 인간의 기본적인 욕구이고, 따라서 우리는 진정성에 따라 자신의 인생을 살아갈 수 있을 때 고유한 가치를 느낀다는 것이다. 자신을 표현할 수 있는 것은 충만한 삶의 일부이고, 이런 자아실현은 인생을 참으로 살 가치가 있다고 느끼게 해준다.

　이렇듯 우리가 자신의 선택과 실천에 대해 어떻게 느끼는지는 외부 압력에 의해 통제되는 것이 아니라 자율성과 진심에 좌우된다. 경험의 이런 특성은 인간의 만족스러움과 성장, 완결성에 중요한 함의를 갖는다. 자기결정이론 하에서 이루어지는 연구는 수백 편의 과학 논문을 통해 교육과 부모의 역할에서부터 스포츠, 신체활동, 체중 감량과 금연, 일터, 심지어 치위생에 이르는 거의 모든 삶의 영역에서 자율성이 중요함을 보여준다.[169] 전반적인 결론은 자율성이 행위의 결과—동기가 자율적인 사람들은 목표에 도달할 가능성이 더 높다—뿐만 아니라 자기 인생에 대한 충족감이 높고, 더 긍정적인 감정을 경험하고, 활력과 에너지를 더 많이 느끼는 등 전체적인 만족도에도 모두 중요하다는 것이다.

　자율성을 진정으로 이해하려면 그것이 개인주의와 다르다는 것을 깨닫는 것이 중요하다. 즉 자율성은 개인주의가 문화적 규범으로 자리 잡은 서구 국가에서 잘 사는 데 중요할 뿐만 아니라, 중국, 한국, 터키, 러시아, 페루 같은 나라에서도 중요하다.[170] 개인주의는 인간의 개별성, 자기 확신, 다른 사람에게 의지하지 않음을 강조하고, 개인의 선호와 가치를 집단의 선호와 가치보다 우선시한다. 반면 자율성은 자신의 행동과 선택이 자신에 의해 정해지고 외부의 통제를 받지 않는다는 기분이다. 이는 사람이 집단의 가치를 자율적으로 승인할 수도 있다는 의미다. 다시 말해서 나는 당신을 돕겠다고 자율적으로 선택할 수 있다. 또는 아이들의 안녕을 나 자신의 안녕보다 우선시하겠다고 자율적으로 선택할 수 있다.

연구자 발레리 치르코프는 러시아와 한국의 학생들이 미국 학생들에 비해 자신들의 문화가 더 집단주의적이라고 인식하지만, 사람들이 이 문화적 가치를 얼마나 자율적으로 승인하는지에 대해서는 세 나라 모두 다르다는 점을 보여주었다.[171]

그의 연구에서 일부 미국 학생들은 자기 나라의 개인주의가 너무 심하다고 느꼈지만 또 어떤 학생들은 동일한 개인주의에 완전한 지지를 보냈다. 이와 비슷하게 일부 한국 학생들은 자기 나라의 집단주의적 가치를 완전히 내면화했고 거기에 자율적으로 헌신한 반면, 어떤 학생들은 더 개인주의적인 가치를 열망했다. 그리고 이들이 자기 나라의 문화적 가치를 얼마나 자율적으로 지지하는지는 세 나라에서 학생들이 얼마나 잘 지내는지를 예측하는 기능을 했다. 그러므로 그 나라가 집단주의 성향이든 개인주의 성향이든 그 문화 안에서 느끼는 자율성은 개인이 잘 지내는 데 중요한 문제인 것이다.

우리가 자기 자신의 진짜 모습을 유지하고 자신의 가치와 관심사에 맞춰 살 수 있을 때 우리는 진정으로 살아 있음을 느낀다. 데시와 라이언의 표현처럼 "인간성이 최대로 표현되면 사람은 호기심과 생기, 자기 동기를 가진 존재임이 확인된다. 인간은 최상의 상태일 때 주체성과 영감에 따라 움직이고 배우려고 노력하며, 자아를 확장하고, 새로운 기술을 통달하고, 자신의 재능을 책임감 있게 활용한다."[172] 본질적으로 우리의 인간성은 우리가 스스로 선택한 활동을 추구하고 진정한 우리 자신, 그리고 우리가 진짜로 중요하게 생각하는 것과의 관계 속에서 진정성 있게 살아갈 수 있을 때 가장 잘 실현된다.

개인주의적 이타주의자

의식을 잃은 낯선 여성을 구하기 위해 구명조끼도 없이 얼음물에 뛰어든 적이 있는가? 소방관 잭 케이시는 그랬다. 그는 2년간 자원봉사자로서 500통이 넘는 응급전화에 응대했고, 자신을 희생할 수 있는 위험을 무릅쓰고 여러 사람을 생사의 갈림길에서 구해냈다. 그는 지역구조대의 일원일 뿐만 아니라 매주 세 시간씩 적십자에서 응급처치 수업을 했고, 몇 년 전에 자신이 시작한 야외 프로그램을 위해 배낭을 메고 사람들을 밖으로 데리고 나갔다.

《공감의 행동》을 집필하기 위해 잭 케이시를 인터뷰한 사회학자 로버트 우스나우는 잭에게서 다른 사람을 위해 안정과 안전의 기틀이 되고자 하는 진정으로 이타적인 미국 영웅을 보았다.[173] 동시에 잭은 스스로를 "다른 사람들과 독립적으로 지내는 것을 좋아하는" 사람이라고 설명했다. 그는 자신이 원하는 일을, 원하는 때에 하고, 자유롭게 생각하며, 필요할 때는 다른 사람과 상반된 의견을 내기도 하는 강건한 개인주의자라는 점에서 자부심을 느꼈다. 잭에게, 그리고 다른 많은 이들에게, 자유는 미국의 핵심 가치였다.

우스나우가 보기에 잭은 소위 미국의 역설을 상징한다. 그는 평균적인 사람보다 더 자율적이고 독립적이지만 다른 사람들을 더 많이 돌보기도 한다. 그는 개인주의자일까, 이타주의자일까? 대답은 둘 다라는 것이다. 사실 잭 케이시가 자신이 하고 싶은 일에 민감해질 수 있었던 것은 사회적 규범으로부터 자율적이고 독립적이기 때문이었다. 그리고 그가 하고 싶은 일은 남을 돕는 것이었다. 그렇게 **해야 해서**가 아니라 진정으로 **원해서**였다.

우리는 독립적인 선택을 할 수 있을까, 아니면 너무 나약하고 의존적이기 때문에 누군가 다른 사람이 우리 인생을 끌어가게 내버려둘까? 이는 개인주의에 관한 질문이다. 우리는 자신만을 돌볼까, 아니면 진심으로 다른 사람 역시 돌볼까? 이는 이타주의에 관한 질문이다. 하지만 세 번째 질문이 있다. 공감과 돌봄이 자기 자신을 넘어 다른 사회 구성원으로 확장된다는 점을 의식하면서 동시에 독립적인 선택을 할 수 있을까? 이는 일종의 개인주의적 이타주의인 관계주의의 정수이며, 이런 의미에서 잭 케이시는 명백히 관계주의자다. 그는 직접 선택하고 스스로 인생의 방향을 정하며, 그에 따라 자기 시간의 상당량을 주변 사람을 돕는 데 쏟아붓는다.

그러므로 독립적인 이타주의자, 즉 어려움에 처한 사람에게 자율적으로 도움의 손길을 내밀고 싶다는 인생의 결정을 내리는 사람이 되는 것은 가능하다. 선택이 자신의 것인 한 당신은 여전히 독립적이다. 오늘날 많은 사람들이 우리 시대의 이기적인 규범에 맞춰 살기 위해 이타적인 본능을 억누른다. 사회적 동물로서 다른 사람을 돌보는 것은 우리의 본성이지만 사람들은 자기중심적인 선택을 "합리적"이라며 칭송하는 문화에 맞춰 살기 위해 내면의 이런 이타적인 본능을 무시한다. 우리 문화에서 이기심은 똑똑함과 너무 쉽게 등치되는 반면, 다른 사람을 돕는 사람은 멍청하다고 평가받는다. 이런 문화적인 정서 때문에 사람들은 자기 앞가림도 못한다며 남들이 조롱할까 봐 감히 이타적으로 행동하지 못한다. 아무런 사심 없이 다른 사람을 위해 어떤 일을 했다고 인정하려면 용기가 필요하다. 어쩌면 독립적인 성향의 사람들이 독립적이지 못한 사람에 비해 더 이타적인 성향을 띨 수 있다는 것은 현대의 역설인지도 모른다. 어째서 그럴까? 독립적인 사람은 더 자율적이고, 그래서 문화적 규범에 구애받지 않을 수 있기 때문이다. 그리고 이런 사람들은 시스템에 맞설 때 타인 지향적이고 관계적이며 이타적인 성향을 더 잘 드러내곤 한다.

극도로 제한된 상황에서의 자율성

> 자극과 반응 사이에는 여지가 있다. 그 여지 안에는 반응을 선택할 우리의 힘이 있다. 우리의 반응 안에는 우리의 성장과 자유가 있다.
> ― 스티븐 코비, 《소중한 것을 먼저 하라》, 1995

가장 제약이 심한 환경에서도 우리의 힘 안에는 여전히 자유의 씨앗, 우리가 그 상황을 어떻게 해석하고 대응할지를 선택할 자유의 씨앗이 있다. 사르트르는 "자유가 인간의 심장에서 그 빛을 깜박이면 신은 그에게 아무 힘도 쓸 수 없게 된다"[174]라고 말했다. 인생에는 제약이 있다. 가령 죄수는 자기 마음대로 감옥에서 나올 수 없다. 하지만 아무리 죄수라 해도 투옥 상태에 어떻게 반응할지를 선택할 수 있다. 2차 세계대전 기간 동안 전쟁포로로 9개월을 보냈던 사르트르는 이런 결론을 뒷받침하는 개인적인 경험을 했다. 빅터 프랭클 역시 비슷한 정서를 글로 표현했다. "강제

수용소에 살았던 우리는 막사를 돌아다니면서 다른 사람들을 위로하고 마지막 빵 조각을 내어준 남자들을 기억할 수 있다. 그들의 수는 몇 안 되었을지 몰라도, 인간에게서 모든 걸 다 빼앗아가더라도 한 가지는 가져가지 못한다는 충분한 증거였다. 그것은 바로 인간의 자유, 어떤 상황에서도 자신의 태도를 선택할, 자기만의 방식을 결정할 최후의 자유였다."[175]

인생에는 제약이 있지만 여전히 우리에게는 제한된 상황에 어떻게 반응할지 선택할 수 있는 자유가 있다. 만일 우리의 행복과 의미 있다는 느낌이 외부의 환경에 의해 좌우된다면 허물어지기 쉬울 수밖에 없다. 우리가 외부 세계를 통제할 수는 없기 때문이다. 예상치 못하게 사고가 일어나고, 사랑하는 사람이 세상을 떠나고, 어느 정도의 비극은 모든 삶의 일부다. 하지만 우리가 외부 세계에 어떻게 반응할지는 어느 정도 통제할 수 있다. 프랭클과 그 외 많은 사람들의 경우처럼, 자기만의 반응 방식이라는 여지—우리가 내리는 감정적·심리적 선택들—안에서 발휘되는 의지는 개인적 해방을 위한 경로를 설정하는 데 일조하고 극단적이든 일상적이든 고통의 순간에 필요한 인내심과 희망을 선사한다.

고대 스토아학파는 말 그대로 번역하자면 **격정이 없음**으로 풀이되는 아파테이아apatheia를 인생의 중요한 이상으로 생각했다. 그것은 인생에서 어떤 일이 일어나든 판단을 내리지 않고 바라보는 마음의 태도다. 그것이 일어나게 내버려두고, 그것을 응시하고, 심지어 거기에 적합한 방식으로 반응하지만 압도되지는 않는 태도. 아파테이아는 이 세상에 어떤 일이 일어나든 그것과 어느 정도 거리를 유지하면서 거기에 반응하는 것, 그것이 살을 파고들게 허락하지 않는 것이다. 우리가 이런 마음의 평화를 얻을 수 있을 때 외부에서 일어나는 그 어떤 우연한 사건도 내부의 평온을 방해하지 못한다.

물론 이런 마음 상태에 이르는 일은 결코 쉽지 않다. 스토아학파 사람들이 서서히 아파테이아에 가까운 마음에 도달하기 위한 다양한 실천을 전체 프로그램에 포함시킨 것은 이 때문이다. 그러므로 제약이 극심한 상황에서도 어느 정도의 자유를 경험하는 것은 가능하지만, 외부 환경에서 이 정도로 해방된 상태에 이르려면 상당한 노력을 통해 어떤 마음의 상태에 도달해야 한다.

중요한 점은, 이런 마음의 고요함을 향한 한 단계 한 단계는 참을 수 없는 다양한 환경에서 개인을 도울 수 있긴 하지만 그렇다고 해서 이를 자율성을 더 많이 보장하는 사회를 만들 필요가 없는 이유로 곡해해서는 안 된다는 것이다.

자기결정이론에 대한 연구를 통해 우리가 배운 게 있다면, 그것은 가령 학교, 공동체, 일터가 자율성을 보장할수록 사람들은 자아실현을 더 잘할 수 있고 잘 살고 있다는 기분을 더 쉽게 느낄 수 있다는 점일 것이다.[176] 사람들은 하고 싶지 않은 일을 할 수밖에 없는, 완전히 통제된 환경에서는 잘 지내지 못한다. 일터 문화가 억압적일 경우 노동자에게 억압에 더 잘 적응할 수 있게 도와주는 마음 챙김 기법을 가르치는 것은 해법이 아니다. 개인의 자유와 자기표현의 여지를 확장할 수 있는 방향으로 조직을 재설계하는 것이 해법이다. 사회로서, 그리고 시민으로서 우리는 개인이 자신의 생각 속에서만이 아니라 행동 속에서 진정성과 자율성을 경험할 수 있는 맥락과 조직, 정부를 만들기 위해 노력해야 한다.

모든 인간 안에는 자연이 그를 빚어놓은 규모에 맞춰 스스로를 계발하려는 억누를 수 없는 욕구가 있다.
자연이 그 사람 안에 넣어둔 것을 말로,
행동으로 드러내려는 경향이 있는 것이다. 이는 적절하고 건강하고 필연적이다.
아니, 그것은 의무, 심지어는 인간을 위한 의무의 축약본이다. 이곳 지구에서 인생의 의미는 이 안에 있다고 규정할 수 있다. 당신의 자아를 펼쳐내는 것, 당신이 가지고 있는 능력을 실현하는 것이라고.

― 토머스 칼라일, 《영웅숭배론》, 1840

12

좋아하는 것에 통달하는
강렬한 경험

유능감

　탁월함에는 어떤 아름다움이 있다. 어떤 분야든—현대무용이든, 야구든, 정치 연설이든, 미식이든, 아니면 저글링을 하면서 동시에 루빅큐브 세 개를 푸는 것이든—우리는 어떤 것이 탁월하게 수행될 때 경이로움을 느낀다. 우리는 그것을 흠모하지 않을 수 없다. 평생 아마추어 수준의 축구를 해온 나는 리오넬 메시, 크리스티아누 호날두, 마르타 비에이라 다 실바 같은 선수들이 귀신같은 장악력으로 공을 움직이는 모습을 보면 환호성이 절로 나온다. 책을 읽을 때는 특별히 잘 쓴 문장을 한참 곱씹기도 한다. 만일 어떤 사람이 분야를 막론하고 어떤 일을 세상에서 제일 잘한다면 우리는 주저 없이 그 사람을 대단히 존경할 것이다. 요즘 같은 세계화 시대 전에는 지역에서 최고이기만 해도 주위 사람들의 존경을 받았다. 나의 할아버지는 80대의 나이에도 수십 년 전에 군에서 우승한 육상 선수들의 이름을 죄다 기억할 수 있었다.

탁월함에 미덕 같은 것이 있을까? 고대 그리스인들은 그렇다고 생각했다. 그들에게 탁월함은 미덕**이었다.** 그리스어로 미덕에 해당하는 '아레테 aretê'는 호메로스의 시에서는 온갖 종류의 탁월함을 묘사하는 데 사용되었다.[177] 빠른 달리기 선수는 자기 발의 아레테를 드러내는 것이고, 크고 강한 칼잡이는 자기 육체적 힘의 아레테를 드러내는 것이다. 호메로스의 이야기나 아이슬란드의 영웅전설, 또는 얼스터 영웅이 나오는 아일랜드 이야기에 묘사되는 이런 고대 영웅사회에서 인간의 궁극적인 의무는 사회가 그에게 부여한 역할을 다하는 것이었다. 영웅이 자신의 역할을 다하도록 도움을 주는 것은 뭐가 되었든 고결한 적으로 인식되었고, 영웅을 실패로 이끈 것은 뭐가 되었든 악이었다. 철학자 알래스데어 매킨타이어는 이런 영웅사회의 도덕성을 분석하면서 "덕은 자유로운 인간이 자신의 역할을 유지할 수 있게 하는, 그리고 그의 역할이 요구하는 행동 속에서 스스로를 드러낼 수 있게 해주는 자질일 뿐"이라고 말했다.[178] 다시 말해 영웅이 자신의 의무를 완수하려면 때로는 육체적 강인함이, 때로는 교활함이 필요하다. 미덕은 필요한 탁월함을 소유하는 것이었다.

통달과 탁월함에는 그 자체로 어떤 내재된 의미가 있다. 철학자 존 롤스의 말처럼 "인간은 자신이 발견한 능력(선천적인 혹은 훈련된 능력)의 실행을 즐기고, 이 즐거움은 더 많은 능력을 깨닫게 하거나 그 능력의 질을 향상시킨다."[179] 무언가에서 두각을 나타낼 능력이 있다는 것은 그만큼 값어치가 있다. 우리는 인생에서 유능감, 통달, 능숙함을 경험할 수 있는 활동을 통해 의미 있다는 기분을 느낀다. 인간이 그 자체를 넘어서는 아무런 쓸모가 없는 기술을 통달하기 위해 엄청나게 많은 시간을 쏟아붓는다는 사실을 달리 어떻게 설명할 수 있을까? 물론 사람들이 경주나 공연, 예술적 기교에서 탁월한 능력을 뿜어내는 모습은 언제 봐도 싫증이 나지 않고 바로 그런 이유로 어떤 예술이나 스포츠 종목에는 수십억 달러가 투자되기도 한다. 하지만 사람들이 기량을 뽐내는 온갖 소소한 일들 — 수상스키를 타면서 훌라후프하기, 가짜 기타 연주, 체스복싱, 완벽하게 커피 내리기[180] — 을 생각해보면 여기에 벌거벗은 진실이 있다. 사람들은 뭐든지 능력이 탁월할 때 의미와 즐거움을 느낀다.

    자기결정이론의 주장처럼 유능감은 기본적인 심리적 필요다. 진화의 산물인 우리는 정확히 어떤 기술이 있어야 목숨을 부지할지 알 수 없기 때문에 다양한 기술을 개발하는 데 관심을 가진다. 만일 직접적인 위협이라고 할 만한 것이 전혀 없는 상태라면 나중에 쓸모가 있을 만한 기술을 개발하거나 연마하는 것이 최고의 시간 활용법일 것이다. 게으름은 기술 습득보다 나쁜 생존전략이다. 그러므로 진화는 우리에게 무언가를 잘하는 데서 더 나은 기분과 만족감을 느끼고 새로운 기술을 학습할 기회를 물색하는 강력한 동기를 심어놓았다. 학습과 개인적인 성장은 높은 만족과 참여의 근원이고, 우리 인생이 더 나아지고 있다는 기분을 느끼게 해준다. 그리고 통달한 활동에 몰두할 때는 거기에 너무 전념한 나머지 바깥세상을 까맣게 잊어버리기도 한다.

심리학자 미하이 칙센트미하이는 운동선수나 예술가들이 도전정신을 자극하는 프로젝트에 집중했을 때 빠져드는 것 같은 이런 깊은 몰입의 느낌을 **플로**flow라는 단어로 설명했다.[181] 이런 몰입의 상태에서는 완벽한 관심과 에너지를 가지고 주어진 과제에 집중하고, 의식적인 마음과 무의식적인 마음이 조화를 이룬 상태에서 사부작사부작 움직이며 이를 해결하고자 한다. 칙센트미하이는 이를 내적 경험의 최적 상태로 보았고 경험 그 자체가 너무나 즐거워서 "사람들은 순수하게 그것을 하기 위해 어떤 비용이라도 치를 것"임을 깨달았다.[182] 사람들은 자신의 기술을 활용할 수 있는 도전과제를 원하는데, 이는 나중에 무언가를 완수하기 위해서이기도 하지만, 완전한 몰입의 순간에 가장 살아 있다는 기분을 느낄 수 있기 때문이다. 실제로 4000명의 미국인을 대상으로 한 여론조사에 따르면, 이 중 약 400명이 "인생을 건 투쟁"이 의미의 근원이라고 언급했다.[183] 그 후로 나는 통달과 도전이 인생 안에서 의미를 제공하는 중요한 근원일 수 있다고 생각하게 되었다.[184]

여기서도 의미의 근원으로서의 통달은 반드시 비범한 어떤 것에서 파생되는 것은 아님을 깨닫는 것이 중요하다. 에베레스트 등반이나 세계를 홀로 항해하는 것은 분명 강력한 통달의 감각을 선사할 것이다. 최소한 이런 것들은 감탄을 살 만한 노력이고 칵테일파티에서 대화를 주도하는 데 도움이 된다. 하지만 우리는 일상생활에서도 통달을 느낄 수 있다. 나는 아이들이 내 키의 절반이라는 사실에는 아랑곳없이 아이들과 공놀이를 할 때, 또는 매일 자전거로 통근하면서 가파른 오르막 몇 개를 올라갈 때 통달이라는 기분을 느낀다. 테트리스로 연마한 기술을 살려 식기세척기에 마지막 접시까지 완벽하게 끼워 넣는 순간에도 내 재주와 통달에 대해 작은 환희를 느낀다. 심지어 어떤 사람들에겐 집 청소마저 통달과 기쁨의 근원이 될 수 있다(고 들었다). 이런 일들은 작고 시시한 순간 같아도, 일상생활 속에서 유의미함이라는 기분을 느낄 수 있는 성취와 통달의 순간이다.

물론 이런 소소한 통달의 순간을 만끽하는 것 외에도, 우리가 훨씬 강력한 통달의 감각에 닿을 수 있는 영역에서 기술을 향상시킬 기회를 적극적으로 물색하는 것 역시 훌륭한 일이다. 가령 직장에서 더 높은 역할로 승진하는 데 필요한 기술이 무엇인지 파악하고, 그 특정 기술을 갈고닦기 위한 체계적인 방법을 준비하는 것은 합리적이다. 그리고 직장 밖에서 통달 또는 배움의 감각을 경험할 수 있는 몇 가지 재미있는 취미를 반드시 갖도록 하자.

자아실현감을 경험하려면

우리가 어떤 활동에 참여하면서 그 안에서 깊은 통달과 흥미를 느낄 때 그 활동 자체가 자아실현의 근원이 된다. 여기서 말하는 자아실현은 무슨 의미일까? 오늘날에는 이 표현이 너무 흔히 사용되고, 요가 의식에서부터 뉴에이지적인 신념 체계에 이르기까지 온갖 것을 묘사할 때 사용된다. 하지만 나는 자아실현이 그보다 더 단순하고 일상적인 어떤 것이라고 생각한다. 즉 내가 보기에 자아실현은 자율성과 유능감이라는 두 가지 필요를 동시에 충족하는 것이다. 당신이 하고 싶고 그것을 괜찮은 수준에서 해낼 수 있다고 느끼는 일을 발견한다면 당신은 그것을 추구하면서 개인적인 충족감 또는 자아실현감을 경험할 수 있다. 둘 중 하나가 빠져 있으면 당신은 자아실현감을 느끼지 못할 것이다. 가령 당신이 어떤 일에 아무리 열광해도 그 일에서 전혀 성취감을 느끼지 못하거나, 오도 가도 못하는 기분이 든다면 그 일에 대한 열정이 점점 식을 것이다. 이런 일이 일어날 때, 그리고 학습이나 성장은 전혀 일어날 기미가 없을 때, 동기를 유지하기는 거의 불가능하며, 결국 당신은 이 일이 자신이 찾던 그 일이 아닐 수 있다는 결론에 이르게 된다. 정반대의 상황도 마찬가지다. 당신이 어떤 일에서 아무리 실력이 뛰어나더라도 흥미를 느끼지 못하면 그것을 통해 개인적인 충족감이나 자아실현에 이르는 길이라는 느낌을 받을 수 없다. 자신이 별로 흥미가 없는 분야에 재능이 있으면 이는 금세 함정이 될 수 있다. 다행히도 당신은 흥미와 자율적인 동기를 느낄 수 있는 활동을 찾고, 그 안에서 어느 정도의 통달을 성취할 수도 있다. 특히 오랜 시간 연습할 의지만 있다면 말이다. 흥미와 통달이 하나의 활동 속에서 만날 때 자아실현의 기분을 느낄 수 있다.

더 의미 있는 인생을 향한 두 경로

더 의미 있는 인생에 이르는 경로는 많을 수 있다. 하지만 나는 일반적인 수준에서, 의미 있는 삶에 이르는 두 가지 중요한 경로에는 자신과의 관계 맺기와 다른 사람과의 관계 맺기가 있다고 생각한다. 당신은 진정성과 통달을 통해 당신 자신과 관계를 맺고, 친밀한 관계와 긍정적인 기여를 통해 다른 사람과 관계를 맺는다. 자신과의 관계 맺기는 개인적인 성취로 이어진다. 이는 진정성에 대한 것, 자율적인 선택을 통해 자신의 관심사를 추구하고 말과 행동 모두에서 진짜 자신을 드러낼 수 있는 것이다. 당신은 외부의 기대를 따르는 대신 당신 자신에게 진실할 수 있다. 이는 당신이 자신에 대해 더 많이 배우고 있고, 자기성장을 통해 새로 얻은 자기지식, 기술, 강점을 일상생활에 적용할 수 있다는 점에서 통달과도 관련이 있다.

다른 사람과의 관계 맺기는 사회적 충족에 대한 것이다. 이는 당신이 아끼는 사람들과 관계를 맺고, 좋은 관계를 형성하고, 당신이 사랑하는 사람들과 시간을 보낼 수 있을 때 가능하다. 하지만 그것은 당신의 인생이 다른 사람들의 인생에 긍정적으로 기여하고 있고, 당신은 아무리 작더라도 차이를 만들어낼 수 있음을 감지하는 것과도 관계가 있다. 전에도 그 말을 한 적이 있었고 앞으로도 그럴 것이다. 당신은 관계 맺기와 기여를 통해 다른 사람들에게 의미 있는 존재가 됨으로써 당신의 인생을 의미 있게 만든다. 하지만 이런 조언은 의미 있는 삶 중에서 사회적 충족의 측면에만 해당한다. 나는 개인적 충족 개념을 더 많이 포함시키기 위해 내 농담을 수정해야 했다. 한 철학자가 술집에 들어가서 인생 안에서의 의미를 한 문장으로 요약해달라는 요청을 받는다. 요즘 내 대답은 이렇다. 인생 안에서의 의미는 당신 자신을 다른 사람들에게 의미 있게 만드는 방식으로(사회적 충족) 당신에게 의미 있는 일을 하는 것(개인적 충족)에 관한 것이다.

물론 이 두 가지 핵심적인 경로를 어떻게 만들지는 당신에게 달려 있다. 그것은 당신의 개인적인 관심, 가치, 기술, 인생의 상황에 전적으로 좌우된다. 여러 개의 점―자율성, 유능감, 관계 맺음, 선의―을 연결해 자기 인생의 독특함과 가능성으로 빚어내는 작업은 당신만이 할 수 있다. 공감 능력이 뛰어나고 정치에 관심이 많은 당신의 친구는 자신의 웅변 능력을 (자아실현) 자신에게 중요한 대의를 위해 싸우는 데(다른 사람들과 관계 맺기) 쓸 수 있다. 음악에 재능이 있는 당신의 동료는 아마추어 밴드에서 기타를 연주하면서(자아실현) 다른 밴드 구성원들과 합을 맞추는 데서(다른 사람들과 관계 맺기) 즐거움을 얻을 수 있다. 병원 관리 직원은 병실의 위생 유지라는(다른 사람들과 관계 맺기) 구체적인 결과를 즐길 수 있다(자아실현). 많은 사람들에게는 부모 역할이 자기표현과 기여를 동시에 할 수 있는 통로이고, 많은 사람들의 취미와 자원봉사 활동 역시 마찬가지다. 물론 때로 인생의 어떤 측면은 하나의 필요밖에 충족시키지 못하지만 채우지 못한 필요는 다른 방식으로 충족할 수 있다. 아주 좋아하지만 외로운 일을 하는 경우에는 여가시간을 관계에 투자함으로써 어느 정도 상쇄할 수 있다. 하지만 당신이 인생에서 어떤 상황에 놓여 있든 자신을 어떻게 드러내고 전체 세계에 어떻게 기여할 수 있을지를 생각해보는 것이 좋다.

일하는 법과 사랑하는 법을 알아내서,
사랑하는 사람을 위해 일하고
자기 일을 사랑하게 되면
이 세상에서 당당하게 살 수 있다.

— 톨스토이, 발레리야에게 보내는 편지, 1856

완벽하게 의미 있는 순간의 탄생

　최근 내 인생에서 특히 의미 있는 순간이 있었다. 다섯 살짜리 아들과 나는 집에서 수 킬로미터 떨어진 바닷가의 한 카페테리아로 첫 자전거 여행에 나섰다. 나는 아들과 함께한 순간을 아주 세밀한 부분-나는 커피를 마시고, 녀석은 조용히 주스팩을 홀짝이던 순간, 흘러드는 햇빛, 희미한 바다 냄새-까지도 마치 오늘 아침에 일어난 일처럼 떠올릴 수 있다. 내가 과거와 현재, 미래를 동시에 경험했다고 말할 수도 있을 것이다. 커피를 홀짝이던 중간중간 시간을 거슬러 올라가서 아들이 첫 걸음마를 떼던 순간을 회상하기도 하고, 자전거 타기 뒤에 찾아온 고요한 휴식을 만끽하며 미래로 시선을 돌려 아들이 더 큰 자전거를 탈 정도로 성장한 후에 우리가 함께하게 될 모든 자전거 여행과 커피와 조용한 순간들을 상상하면서 말이다. 나의 존재 상태는 순수한 기쁨 그 자체였고, 그것은 그 순간의 유의미함에서 샘솟았다. 마음이 완전히 풀어져버린 나는 그 순간에 철저

하게 굴복했고, 아마 유년기에 동반되게 마련인 걱정 없는 순수함 같은 것의 은총을 받은 내 아들 역시 그랬다. 우리는 서로 우리 사이에 있는 그 공간을 공유했다. 그것은 서로에게 속해 있다는 깊은 느낌의 순간, 사랑의 순간이었다.

그 순간에는 유의미함의 모든 핵심 요소들이 있었다. 나는 자전거를 탈 때, 내가 항상 사랑하는 일을 함으로써 나 자신을 표현하는 즐거움을 느꼈다. 동시에 아들이 새로 얻은 통달이라는 감각을 함께 공유했고 아들이 만끽하는 만큼 나 역시 만끽할 수 있었다. 나는 이런 자기표현과 통달의 공유라는 경험을 통해 나 자신과, 그리고 내 아들과 연결된 기분을 느꼈고, 이는 깊은 소속감으로 이어졌다. 또한 이런 모험을 아들에게 선사할 수 있는 아버지로서 자부심과 행복을 느꼈고, 우리의 여행이 아들에게 기쁨과 흥분을 안겼다는 사실에 즐거움을 느꼈으며, 이는 내가 무언가에 기여했다는 느낌으로 이어졌다. 과거와 현재와 미래. 자기표현과 통달과 소속과 기여. 인생 안에서의 의미라는 측면에서 무엇을 더 요구할 수 있을까?

물론 나의 이야기는 예외적이지 않다. 나는 당신이 사랑하는 사람들과 함께 또는 당신이 최근 만난 누군가와 함께 당신의 인생에서도 비슷한 무언가를 경험했으리라고 확신한다. 나의 것과 비슷한 어떤 순간, 존재가 깜박이는 빛을 발하며 이유가 무엇이든 모든 것이 정연해진다. 유의미함의 모든 요소들이 서로 조화를 이룬 듯 보이고, 당신은 당신의 인생에 완전하게 몰입한다. 그것은 다른 사람들과의 관계 맺음과 자신과의 관계 맺음이 하나로 합쳐지는 순간이다. 그것은 개인적이면서 동시에 사회적인 충족이다. 그것은 가장 본질적인 상태의 의미다.

유의미함은 먼 곳에 있거나 희귀한 어떤 것이 아니다. 그것은 우리의 많은 일상의 순간에 강약을 달리하며 존재하는 경험이다. 《어떻게 나답게 살 것인가》의 저자 에밀리 에스파하니 스미스는 의미란 "어떤 거창한 드러냄이 아니"라고 주장한다. "그것은 신문가판대 상인에게 잠시 멈춰 서서 '안녕하세요' 하고 인사하는 것, 직장에서 시무룩해 보이는 동료에게 다가가는 것이다. 그것은 사람들이 상태가 더 나아지도록 돕는 것이고, 아이에게 좋은 부모 또는 멘토가 되는 것이다."[185] 이는 사회적 충족의 소소한 순간들이지만, 개인적 충족의 작은 순간들은 우리가 마치 지켜보는 이가 없다는 듯이 춤을 추거나, 매일의 출퇴근시간에 어떤 책에 몰입할 때에도 일어날 수 있다. 그것은 여기 그리고 지금 이 순간에 의미가 있지만, 그것을 우리의 과거―당신이 어렸을 때 할머니와 함께했던 어떤 것―에, 또는 우리가 품고 있는 미래의 어떤 값진 목표에 연결시킬 때 이런 순간들의 유의미함은 훨씬 확장될 것이다. 당신이 인생에서 어떤 상황에 놓여 있든 당신 자신과의, 그리고 당신의 인생을 의미 있게 만드는 사람들, 가치, 관심사와의 관계를 꾸준히 유지하는 것이 중요하다. 톨스토이가 인생의 최저점에 있는 동안 깨달았던 것처럼 말이다.

심각한 실존의 위기에 시달리던 톨스토이는 깊이 파고들다가 자기 인생에서 진정으로 중요한 게 뭔지를 분명히 밝히기로 결심했다. 그는 자신을 이 세상에 붙들어매주는 "두 방울의 꿀" 덕분에 우울함을 안기는 두려움에서 벗어날 수 있었다. 그것은 바로 "가족에 대한 사랑"과 "글쓰기에 대한 사랑"이었다.[186] 다시 말해서 다른 사람들과의 관계 맺기와 자신과의 관계였던 것이다. 당신의 두 방울은 무엇인가?

당신이 가지고 있는 것에서 찾을 수 있다

유의미함에 대한 당신의 감각이 얼마나 거창해야 하는지는 궁극적으로 당신에게 달렸다. 당신이 자신의 인생을 의미 있게 경험하기 위해 얼마나 많은 진정성과 통달과 소속과 기여가 필요한지에 대한 기준을 정하는 것은 당신이다. 우리 대부분은 일상적인 수준의 기여만 하더라도 긍정적인 영향을 미친다는 기분을 충분히 맛볼 수 있다. 모두가 넬슨 만델라나 마틴 루서 킹 주니어가 될 수는 없고, 그들이 남다른 것도 바로 이 때문이다. 나는 한 요양원에서 관찰 연구를 진행한 적이 있는데, 어느 날 목격한 한 장면이 오래도록 뇌리에

남았다. 고령의 두 여성 입주자가 요양사로부터 하루치의 리넨을 개는 일을 넘겨받은 상태였다. 두 사람은 아주 중요한 일을 한다는 듯 애정을 담아 집중해서 그 일을 했다. 이들은 입주자였기 때문에 뭔가 기여를 할 수 있는 기회가 거의 없었지만, 이 일은 그들이 자신에게 큰 도움을 주는 요양사에게 보답을 하고 그들의 일을 조금이라도 덜어줄 기회였던 것이다. 리넨을 개는 것은 어려운 일도 아니고, 만델라의 업적과도 거리가 멀다. 하지만 그들의 생활환경에서는 기여를 하고자 하는 필요를 충족시킬 수 있는 완벽한 기회였다. 그들은 요양사들에게 스스로 의미 있는 존재가 됨으로써 자기 인생의 유의미함을 강화할 수 있었다.

그러니까 당신의 인생과 환경에 적합한 유의미함의 기준을 설정하라. 당신이 큰 기여를 하고, 깊은 관계를 형성하거나, 무언가를 세계적인 수준으로 통달한 동시에 그것을 자기표현의 방식이라고 느끼기까지 하는 축복을 누리고 있는 상태라면 주저하지 말고 자신을 넘어서서 불가능한 것을 성취하는 원대한 목표를 설정하라. 재정적으로든 사회적으로든 지적으로든 당신에게 자원이 많다면 그것을 최대한 활용해서 최소한 당신이 받은 만큼을 갚아라. 하지만 만일 당신이 그보다 빡빡한 상황이라면 가진 것에 만족하고 실현 가능한 어떤 것, 당신의 상황에서 의미를 얻을 수 있는 것이면 무엇이든 손에 넣기 위해 노력하라. 유의미함은 성취도 중요하지만 즐기는 것도 중요하다. 당신의 인생 안에 이미 존재하는 유의미함의 작은 근원들을, 그리고 당신이 당신의 관계와 기여, 통달, 자기표현의 느낌을 더욱 강화할 수 있는 소소한 방식들을 발견하는 것만으로도 우리 대부분은 인생이 값어치 있다고 느낄 수 있다.

인생은 프로젝트가 아니라 이야기다

마지막 경고. 자신의 인생을 의미 있게 **만들겠다**는 프로젝트에 골몰한 나머지 자신의 인생을 의미 있게 **경험할**

수 있는 상황을 망치지 마라. 오늘날의 서구 문화는 우리가 인생을 프로젝트로 인식하고 접근하도록 세뇌시켜왔다. 우리는 최대치의 결과를 뽑아낸다는 명목으로, 서구 사회의 성배인 성공을 거머쥔다는 명목으로, 목표를 정하고 계획을 세우고 큰 뜻을 품고 노력을 우선시하도록 학습받았다. 인생을 어떤 프로젝트처럼 접근할 때 인생의 가치는 그 프로젝트의 성패에 좌우된다. 그리고 이런 결과가 종종 먼 미래에만 실현된다는 점을 감안했을 때, 도달할지 못할지 알 수 없는 그 지점에 이르는 과정은 아무런 가치가 없는 지루한 노역이 된다. 최악의 경우, 그것은 힘들지 않으면 열심히 노력하고 있지 않다는 증거로 여겨진다. 연구자인 엠마 세팔라는 스탠퍼드대학교 학생들의 광적인 성취 문화를 보면서 이 점에 주목했다.[187] 프로젝트식 접근법의 문제점은 인생이 도구화된다는 것이다. 인생을 사는 것이 아니라, 인생을 이용해서 무언가를 거머쥐는 방식이 되는 것이다. 돈, 명예, 성공을 위해 노력하는 것에서 행복과 의미를 위해 노력하는 것으로 방향을 전환한다 해도 별 도움이 되지 않는다. 부, 지위, 직업상의 성공을 극대화하는 행위에 의문을 제기하는 것이 현명할 수는 있지만, 어떤 것에 대한 집착을 다른 것에 대한 집착으로 대체한다면 아무런 의미가 없다. 당신은 여전히 인생을 품어 안고 살아내기보다는 무언가를 손에 넣기 위해 인생을 이용하는 것일 뿐이기 때문이다. 최종 결과물에만 시선을 고정하면, 인생을 의미 있게 만드는 일상의 작고 반짝이는 순간들을 보지 못한다.

당신의 인생을 프로젝트라기보다는 이야기라고, 당신이 접하는 것, 경험하는 것, 목격하는 것, 표현하는 것을 완전히 독창적으로 구성한 이야기라고 생각하고 접근하자. 당신에게 무슨 일이 벌어지든, 좋은 일이든 나쁜 일이든, 직접 선택한 일이든 외부에서 주어진 일이든, 그것은 여전히 그 이야기의 일부다. 당신 이야기의 각 장에는 당신의 다채로운 강점과 약점, 기벽과 독특함이 들어 있다.

이야기는 경쟁이 아니다. 이야기는 그저 펼쳐진다. 사람들에게 행동을 요구한다. 등장인물들에게 선택을 하라고 간청한다. 우리는 성찰적인 존재로서 좋은 이야기를 사랑하고 거기에는 그만한 이유가 있다. 우리는 도덕적인 교훈과 사회적인 교훈을 가르치기 위해 이야기를 이용한다. 우리 스스로 즐기기 위해, 또한 세상 일반을 되돌아보고 거기에 의미를 부여하기 위해 이야기를 이용한다. 종종 혼란을 안기는 복잡한 세상에서 아름다움과 분별력에 대한 감각을 회복하기 위해 이야기에 의지한다. 당연히 이야기 안에는 프로젝트가 있을 수 있다. 무엇보다 대형 프로젝트는 좋은 이야기를 위한 훌륭한 소재가 된다. 하지만 프로젝트는 이야기의 일부일 뿐이다. 그것이 당신을, 당신의 세계관을, 또는 인생 안에서 느끼는 유의미함이라는 감각을 지배하지 못하게 하라. 결국 당신 인생의 이야기는 지금 이 순간에 펼쳐지고, 당신이 얻기 위해 노력할 수 있는 것은 존 듀이의 표현을 빌리면 "현재의 풍요로움 그 자체"뿐이다.[188]

어떤 오래된 동유럽 이야기에 나오는 한 여행자는 평화롭게 스텝 지대를 걷다가 갑자기 호랑이와 마주친다. 목숨을 지키기 위해 달리던 여행자는 벼랑 끝에 이르러 뛰어내린다. 경악스럽게도 벼랑 밑에는 거대한 악어가 입을 쩍 벌린 채 그를 기다리고 있다. 여행자는 필사적으로 몸을 움직여서 재빨리 벼랑을 따라 자라고 있는 야생 관목의 가지를 부여잡는다. 여행자는 두 가지 끔찍한 선택지 사이에 놓이게 된다. 위에 있는 호랑이에게 먹힐 것인가, 아래 있는 악어에게 먹힐 것인가. 설상가상 그가 매달려 있는 나뭇가지를 쥐 두 마리가 쏠아대기 시작한다. 그는 죽음을 피할 수 없음을 알고 있다.

톨스토이는 이 이야기를 가지고 자기 인생의 상황을 설명한다. 실존적 위기 상황에 놓인 톨스토이는 자신을 쥐와 악어에만 집중하느라 인생이 주는 그 어떤 것도 즐기지 못하는 이 여행자라고 생각했다.[189] 하지만 선문답 같은 이 이야기에는 톨스토이가 도출한 것보다 더 많은 것이 들어 있다. 여행자는 피할 수 없는 죽음에 집착하기보다 현재의 순간에 아직 유효한 아름다움이 무엇인지에 집중한다. 나뭇가지 옆에는 탐스러운 딸기 몇 개가 있고, 그는 다른 손으로 그 딸기를 집는다. 딸기를 먹는 순간 그는 생각한다.

이렇게 달콤할 수가 있나!

　인생은 어느 날 끝날 수 있다. 나머지 다른 모든 날에는 그렇지 않다. 그 다른 모든 날들에는 아름다움을 맛보고, 의미를 발견하고, 달콤함을 맛볼 기회가 있다. 멋진 인생은 일상생활의 작은 경이로움의 진가를 아는 인생이다. 유명한 선불교 사상가인 앨런 W. 와츠는 이 아이디어를 확장해서, 인생을 음악에 비유한다. 그는 음악에서는 작곡의 끝을 작곡의 핵심으로 여기지 않는다고 지적한다. 어떤 노래를 연주할 때 그것을 더 빨리 연주하는 사람이 이기는 것도 아니다. 음악에서 의미 있는 것은 끝에 도달하는 것이 아니라, 그 음악이 연주되는 동안에 일어나는 일들이다.[190] 그의 표현을 빌리면 "우리는 인생을 마지막에 진지한 목적이 있는 여행이나 순례 같은 것이라고 생각했다. 그러다 보니 중요한 것은 성공이든 뭐든, 어쩌면 사후의 천국 같은 그 마지막의 목적에 도달하는 것이 되고 말았고, 거기에 이르는 전 과정에서 핵심을 놓쳤다. 인생은 음악과 같은 일이고, 그러므로 당신은 음악이 연주되는 동안 노래를 하거나 춤을 췄어야 했다." 어느 날 음악은 끝날 것이다. 그 뒤에 무슨 일이 있을지는 아무도 모른다. 하지만 침묵을 기다리는 건 아무런 의미가 없다. 당신이 이 글을 읽고 있다면 아직 음악이 당신을 위해 연주되고 있는 것이다. 그러니 나가서 춤에 몸을 맡겨라.

에필로그

인생 안에서의 의미에 집중하라

산소, 탄소, 수소, 그 외 여러 원자 무더기에서 출현해서 사랑하고, 기뻐하고, 슬퍼하고, 노래하고, 춤추고, 꿈꾸는 인간의 놀라운 능력. 그것은 높이 평가할 만한 경이로움이다. 우리가 인간의 삶을 당연하지 않은 임의의 사건으로 인식하고 기뻐하면 할수록 한 명 한 명에게 독특한 인생이 주어졌다는 사실에 감사함을 느끼게 될 것이다. 인간의 존재는 절대적 가치라는 게 존재하지 않는 우주에서마저 가치와 의미가 있다. 사실 존재에 가치를 부여해 값지게 만드는 것은 **당신**이다.

인생**의** 의미를 곰곰이 따지기보다는 인생 **안에서의** 의미에 집중하라.

인생 안에서의 의미는 인생 일반에 대한 것이 아니라, 당신의 인생에 대한 것이다. 그것은 당신이 당신이라는 독특한 존재를 어떻게 의미 있게, 그리고 살 만한 값어치가 있는 것으로 경험할 수 있을지의 문제다. 그리고 당신이라는 독특한 존재를 의미 있게 경험하는 것은 생각보다 간단하다. 당신 자신에게 의미 있는 활동과 목표를 추구함으로써 당신 자신과 관계를 맺으라. 당신이 통달한 영역을 확장하고 활용할 수 있는 장소들을 물색하라. 친밀한 관계를 쌓음으로써 다른 사람들과 관계를 맺으라. 그리고 다른 사람을 위해 좋은 일을 하라. 이 네 가지 의미의 근원들은 그다지 혁명적으로 들리지 않을 수 있지만, 그게 바로 장점이다. 그것들은 당신이, 그리고 다른 모든 사람들이 이미 가치 있다고 인식하는 의미 있는 존재 상태의 주춧돌이다. 지난 시대의 환영을 더는 좇지 마라. 외부에서 인생에 강요된 의미를 더 이상 갈망하지 마라. 다른 사람들이 당신의 인생의 기준을 세우게 내버려두지 마라. 당신 자신의 인생을, 그리고 당신이 아끼는 사람들의 인생을 더 의미 있게 만드는 데 집중하라. 간단한 조언처럼 들릴 수 있지만, 바로 여기에 의미 있는 인생에 이르는 길이 있다. 카뮈의 말처럼, "단순한 진실은 자명하지만 존재를 이끌기에 충분하다."[191]

당신 몸 안의 모든 원자는 폭발한
어떤 별에서 온 것이다. (…) 당신은 소성단이다.
(…) 별들이 죽었고 그래서 당신이 오늘 여기에
존재할 수 있었던 것이다.

— 로렌스 크라우스, 《무로부터의 우주》, 2009

감사의 말

장미를 심연 속에 던져 넣고 말하라.
'이것이 나를 산 채로 삼키는 법을 알지 못하는
괴물에 대한 내 감사 표시다'라고.
— 프리드리히 니체, 〈유고〉, 1883년경

책 한 권을 쓰는 데는 마을 하나가 필요하다. 연구자, 철학자, 친구, 가족, 호텔 베란다에서 만난 낯선 이 등 온갖 사람들과의 다채로운 대화가, 또는 수년 동안 즐겁게 읽은, 생각을 자극하는 논문들과 책이 없었더라면 이 책은 세상에 나오지 못했을 것이다. 그러니까 이 책은 나의 창작품이라기보다는 친구, 가족, 낯선 이들과의 대화에서, 그리고 엄청난 특권과 다를 바 없는 배움을 얻은 동료 연구자와 작가들의 글에서 얻은 지혜의 증류수와 같다. 모든 사람을 언급하는 것은 불가능하겠지만 이 책이 이 세상에 있게 된 데 가장 직접적으로 도움을 준 몇 사람은 다음과 같다.

먼저, 위대한 철학 사상과 논제들을 읽기 쉬운 통찰력의 집합체로 탈바꿈하는 데 큰 도움을 준 시그네 베르그스트롬에게 감사의 말을 전하고 싶다. 그녀는 아이디어를 배열하고 제시하는 법, 그리고 매력적인 방식으로 그것을 써 내려가는 법을 나와 함께 생각해내기 위해 진심으로 노력했다. 그녀와 팀을 이뤄 이 책을 저술하면서 훌륭한 학습 경험을 했고, 그녀가 여기에 투입한 시간과 노력에 따뜻한 감사의 마음을 전한다. 또한 이 책을 믿어주고 함께 만드는 데 지원을 아끼지 않은 하퍼스 디자인의 엘리자베스 비스컷 설리번과 마르타 스쿨러에게 감사한다. 책을 아름답게 디자인해준 로베르토 드 비크 드 쿰티크에게도 고마움을 전하고 싶다. 또한 내 담당 에이전트 엘리나 알베크와 레아 뤼온스, 그리고 그들의 팀에게 특히 감사의 마음을 전한다. 이들은 내 제안을 완성하고, 나를 지원하고, 그에 대한 이야기를 꾸준히 퍼뜨려서 결국 책의 출간으로 이어지게 함으로써 책에 대한 내 구상을 실현하는 엄청난 일을 해냈다.

내가 책을 쓰는 동안 많은 사람들이 초고에 대해 논평을 해주거나 나와 의미 있는 대화를 나눴고, 거기서 얻은 통찰이 이 책에 이런저런 형태로 흔적을 남겼다. 새로운 아이디어를 제시하고, 내 통찰에 이의를 제기하고, 내 주장을 개선하는 데 도움이 되는 값진 피드백을 해준 분들에게 감사의 마음을 전한다. 에드 데시, 애덤 그랜트, 안티 카우피넨, 로라 킹, 드미트리 레온티예프, 야니 마르야넨, 타데우스 메츠, 그레고리 파파스, 홀리-앤 패스모어, 앤 비르기타 페시, 리처드 라이언, 에사 사리넨, 엠마 세팔라, 케넌 셸던, 마이클 스티거, 야코 타코칼리오, 웬체슬라오 우나누에, 모니카 윌린, 그리고 헬싱키대학교 도덕정치철학연구 세미나 참가자들과 하버드대학교 '인생의 의미' 학술대회 참가자들. 특히 에사 사리넨과 리처드 라이언의 기여를 강조하고 싶다. 이들은 내 연구자로서의 작업에서 중요한 지적 멘토였다. 함께 여행을 하고 내가 오늘날의 나로 성장할 수 있게 도와준 친구와 동료들에게도 감사의 마음을 전한다. 로리, 카르키, 타파니, 티모, 그리고 필로소피안 아카테미아의 여러 사람들, 철학을 공부하는 내 동료 학생들인 에투, 한나, 조안나, 칼레, 마르쿠스, 마티, 산나, 리마, 내 독서모임과 플로어볼 친구들인 악셀리, 안티 H., 안티 T., 얀, 유니, 유하, 미코, 올리, 티무르, 투코, 빌레, 그리고 내 형제들과 그 배우자 에로, 티아, 애나, 그리고 토미!

한 세기 전에 살았던 내 철학적 멘토인 존 듀이에게도 감사의 마음을 전하고 싶다. 그의 글이 제공한 탄탄한 토대 위에서 내 통찰력을 쌓아올릴 수 있었고, 나는 당당하게 그의 어깨를 밟고 올라섰다.

마지막으로 어린 시절 내게 용기를 북돋는 든든한 환경을 제공해준 부모님 헤이키와 마리트에게 감사드린다. 아이들에게 이야기를 읽어줄 수 있는 시간과 큰 책장을 갖는 것은 자식들에게 줄 수 있는 최고의 선물이다. 이는 내 아이들 비케리, 로키, 토르미에게 주고 싶은 선물이기도 하다. 이 책을 쓰는 전 과정 동안 지원을 아끼지 않고 내게 가족이라는 선물을 안긴 내 배우자 피레트와 함께 아이들은 내가 인생에서 의미를 얻을 수 있는 중요한 근원이다.

주

1. Roy F. Baumeister & Kathleen D. Vohs, "The Pursuit of Meaningfulness in Life," in *Handbook of Positive Psychology*, eds. Charles R. Snyder & Shane J. Lopez, 608–618 (New York: Oxford University Press, 2002), 613.

2. Lisa L. Harlow, Michael D. Newcomb & Peter M. Bentler, "Depression, Self-Derogation, Substance Use, and Suicide Ideation: Lack of Purpose in Life as a Mediational Factor," *Journal of Clinical Psychology* 42, no. 1 (1986): 5–21; Craig J. Bryan, William B. Elder, Mary McNaughton-Cassill, Augustin Osman, Ann Marie Hernandez & Sybil Allison, "Meaning in Life, Emotional Distress, Suicidal Ideation, and Life Functioning in an Active Duty Military Sample," *The Journal of Positive Psychology* 8, no. 5 (2013): 444–452. 유의미함의 정도와 자살률을 국가적 차원에서 비교한 연구로는 Shigehiro Oishi & Ed Diener, "Residents of Poor Nations Have a Greater Sense of Meaning in Life Than Residents of Wealthy Nations," *Psychological Science* 25, no. 2 (2014): 422–430을 보라.

3. Michael F. Steger, "Meaning and Well-Being," in *Handbook of Well-Being*, eds. Ed

Diener, Shigehiro Oishi & Louis Tay (Salt Lake City, UT: DEF Publishers, 2018)을 보라.

4. 참여자가 총 13만 6265명인 10개의 전향연구에 대한 메타분석에 대해서는 Randy Cohen, Chirag Bavishi & Alan Rozanski, "Purpose in Life and Its Relationship to All-Cause Mortality and Cardiovascular Events: A Meta- Analysis," *Psychosomatic Medicine* 78, no. 2 (2016): 122-133을 보라.

5. Viktor Frankl, *Man's Search for Meaning* (New York: Washington Square Press, 1963), p. 164. 인용문은 원래 니체의 책《황혼의 우상》에 나오는 말이다.

6. Alasdair MacIntyre, *After Virtue*, 3rd ed. (Notre Dame, IN: University of Notre Dame Press, 2007).

7. 특히 Christian Welzel, *Freedom Rising: Human Empowerment and the Quest for Emancipation* (New York: Cambridge University Press, 2013)을 보라.

8. Tim Kreiner, "The 'Busy' Trap," *New York Times*, June 30, 2012. https://opinionator.blogs.nytimes.com/2012/06/30/the-busy-trap/.

9. Iddo Landau, *Finding Meaning in an Imperfect World* (New York: Oxford University Press, 2017), 205.

10. 인간의 조건에 대한 이런 관점은 실용주의 철학 전통에서 두 대가인 윌리엄 제임스와 존 듀이에게서 유래한다. 다음을 보라. Frank Martela, "Pragmatism as an Attitude," in *Nordic Studies in Pragmatism 3: Action, Belief and Inquiry—Pragmatist Perspectives on Science, Society and Religion*, ed. Ulf Zackariasson, 187-207 (Helsinki: Nordic Pragmatism Network, 2015), 그리고 내 두 번째 논문 Frank Martela, *A Pragmatist Inquiry into the Art of Living: Seeking Reasonable and Life-Enhancing Values within the Fallible Human Condition* (Helsinki: University of Helsinki, 2019)의 서론.

11. Albert Camus, *Myth of Sisyphus*, trans. Justin O'Brien (New York: Vintage Books, 1955).

12. Todd May, *A Significant Life: Human Meaning in a Silent Universe* (Chicago: University of Chicago Press, 2015), ix.

13. Robert N. Bellah, Richard P. Madsen, William M. Sullivan, Ann Swidler & Steven M. Tipton, *Habits of the Heart* (Berkeley: University of California Press, 1985). 아래 인용구는 20~22쪽과 76쪽에 있다.

14. Jean-Paul Sartre, *Existentialism Is a Humanism*, trans. Carol Macomber (New Haven: Yale University Press, 2007), 29.

15. E.g., Angus Deaton, "Income, Health and Well-Being Around the World: Evidence from the Gallup World Poll," *Journal of Economic Perspectives* 22, no. 2 (2008): 53-72.

16. Shigehiro Oishi & Ed Diener, "Residents of Poor Nations Have a Greater Sense of Meaning in Life Than Residents of Wealthy Nations," *Psychological Science* 25, no. 2 (2014): 422-430.

17. 부조리함의 세 측면을 이렇게 규명한 것은 조 민토프다. 다음을 보라. Joe Mintoff, "Transcending Absurdity," *Ratio* 21, no. 1 (2008): 64-84.

18. 1Neil deGrasse Tyson, *Astrophysics for People in a Hurry* (New York: W. W. Norton & Company, 2017), 13.

19. Thomas Nagel, "The Absurd," *The Journal of Philosophy*, 68, no. 20 (1971): 716-727, 717.

20. Mintoff, "Transcending Absurdity."

21. Leo Tolstoy, *Confession*, trans. David Patterson (New York: W. W. Norton & Co.,

1983), 49.

22. Carlin Flora, "The Pursuit of Happiness," *Psychology Today*, January 2009. Available online: https://www.psychologytoday.com/intl/articles/200901/the-pursuit-happiness.

23. Darrin M. McMahon, "From the of Happiness: 400 b.c.–a.d. 1780," *Daedalus* 133, no. 2 (2004): 5–17.

24. Geoffrey Chaucer, *The Canterbury Tales*, rendered into Modern English by J. U. Nilson (Mineola, NY: Dover Publications, 2004), 215.

25. 가령 다음을 보라. Roy F. Baumeister, "How the Self Became a Problem: A Psychological Review of Historical Research," *Journal of Personality and Social Psychology* 52, no. 1 (1987), 163–176.

26. 행복의 역사에 대해서는 특히 다음을 보라. Darrin M. McMahon, *The Pursuit of Happiness: A History from the Greeks to the Present* (London: Allen Lane, 2006).

27. 1689년 존 로크는 "행복의 추구"가 인간을 바꿔놓았다고 선언했다. John Locke, *An Essay Concerning Human Understanding* (London: Penguin Books, 1689/1997), 240. 다음도 볼 것. McMahon, "From the Happiness of Virtue to the Virtue of Happiness."

28. 가령 다음을 보라. Charles Taylor, *The Ethics of Authenticity* (Cambridge, MA: Harvard University Press, 1991).

29. 행복의 정확한 정의는 서양 철학과 심리학 내에서 큰 논쟁거리다. 행복을 삶의 만족도로 보는 사람이 있는가 하면, 많은 양의 긍정적인 감정과 기분으로 보는 사람도 있고, 감정의 측면에서 자신의 인생에 대한 개인의 우호적인 반응으로 좀 더 복잡하게 설명하는 사람들도 있다. 하지만 우리의 논의에서는 행복을 정확하게 정의할 필요가 없다. 내가 말하려고 하는 것은 일단의 주관적인 기분이나 감정으로 보든, 삶에 대한 우호적인 반응으로 보든 행복에 대한 모든 정의에 적용되기 때문이다. 행복의 정의

에 대한 논의는 가령 다음을 보라. Daniel M. Haybron, *The Pursuit of Unhappiness: The Elusive Psychology of Well-Being* (New York: Oxford University Press, 2008).

30. Luo Lu & Robin Gilmour, "Culture and Conceptions of Happiness: Individual Oriented and Social Oriented SWB," *Journal of Happiness Studies* 5, no. 3 (2004): 269–291.

31. Eric Weiner, *The Geography of Bliss* (New York: Hachette Book Group, 2008), 316–318.

32. Weiner, *Geography of Bliss*, 318.

33. Iris B. Mauss, Maya Tamir, Craig L. Anderson & Nicole S. Savino, "Can Seeking Happiness Make People Unhappy? Paradoxical Effects of Valuing Happiness," *Emotion* 11, no. 4 (2011): 807–815. 다음도 보라. Maya Tamir & Brett Q. Ford, "Should People Pursue Feelings That Feel Good or Feelings That Do Good? Emotional Preferences and Well-Being," *Emotion* 12, no. 5 (2012): 1061–1070.

34. Iris B. Mauss, Nicole S. Savino, Craig L. Anderson, Max Weisbuch, Maya Tamir & Mark L. Laudenslager, "The Pursuit of Happiness Can Be Lonely," *Emotion* 12, no. 5 (2012): 908–912.

35. 우울증 증세가 있는 사람들에게 행복 수준을 꾸준히 보고하라고 요구할 경우 악영향을 미칠 수 있다. 다음을 보라. Tamlin S. Conner & Katie A. Reid, "Effects of Intensive Mobile Happiness Reporting in Daily Life," *Social Psychological and Personality Science* 3, no. 3 (2012): 315–323.

36. 많은 철학자들은 행복과 유의미함은 인간의 삶에서 근원적인 별개의 두 가치라고 생각하는 경향이 있다. 다음을 보라. Thaddeus Metz, *Meaning in Life: An Analytic Study* (Oxford: Oxford University Press, 2013), chapter 4; and Susan Wolf, "Meaningfulness: A Third Dimension of the Good Life," *Foundations of Science* 21, no. 2 (2016): 253–269.

37. 철학자 로버트 노직의 가능한 모든 쾌락을 제공하는 경험기계에 대한 사고실험은 이를 보여주는 고전적인 사례다. 사람들은 이런 기계에 자신을 연결하고 싶은 욕망이 그렇게 크지 않았다고 볼 수 있다. 다음을 보라. Robert Nozick, *Anarchy, State, and Utopia* (Padstow: Blackwell, 1974), 42.

38. John F. Helliwell, Richard R. Layard & Jeffrey D. Sachs, eds. *World Happiness Report 2019* (New York: Sustainable Development Solutions Network, 2019). 이전의 〈세계 행복보고서〉도 보라.

39. 다음을 보라. Jakub Marian, "Number of Metal Bands per Capita in Europe," https://jakubmarian.com /number-of-metal-bands-per -capita-in-europe/.

40. John F. Helliwell et al., *World Happiness Report 2019*.

41. 가령, Max Haller & Markus Hadler, "How Social Relations and Structures Can Produce Happiness and Unhappiness: An International Comparative Analysis," *Social Indicators Research* 75, no. 2 (2006): 169–216; Ronald Inglehart, Robert Foa, Christopher Peterson & Christian Welzel, "Development, Freedom, and Rising Happiness: A Global Perspective (1981–2007)," *Perspectives on Psychological Science* 3, no. 4 (2008): 264–285.

42. Jon Clifton, "People Worldwide Are Reporting a Lot of Positive Emotions," May 21, 2014. http:// news.gallup.com/poll/169322 /people-worldwide-reporting -lot-positive-emotions.aspx.

43. World Health Organization, *Global Health Estimates 2015: DALYs by Cause, Age, Sex, by Country and by Region, 2000–2015* (Geneva: World Health Organization, 2016).

44. 가령 이 둘을 비교해보라. Dheeraj Rai, Pedro Zitko, Kelvyn Jones, John Lynch & Richard Araya, "Country- and Individual- Level Socioeconomic Determinants of Depression: Multilevel Cross-National Comparison," *The British Journal of*

Psychiatry 202, no. 3 (2013): 195-203; and Alize J. Ferrari, Fiona J. Charlson, Rosana E. Norman, Scott B. Patten, Greg Freedman, Christopher J. L. Murray, et al., "Burden of Depressive Disorders by Country, Sex, Age, and Year: Findings from the Global Burden of Disease Study 2010," *PLOS Medicine* 10, no. 11 (2013): e1001547.

45. 다음을 보라. Brett Q. Ford, Phoebe Lam, Oliver P. John & Iris B. Mauss, "The Psycholo-gical Health Benefits of Accepting Negative Emotions and Thoughts: Laboratory, Diary, and Longitudinal Evidence," Journal of Personality and Social Psychology 115, no. 6 (2018): 1075-1092.

46. 이 관계는 선형적이기보다는 대수적이지만, 인생에 대한 만족도에서 포화지점이 있는지는 연구자들 사이에서 아직 논쟁거리다. 긍정적인 영향은 일반적으로 재산과 관계가 약하고 거기에서는 포화지점이 더 쉽게 눈에 띈다. 다음을 보라. Daniel Kahneman & Angus Deaton, "High Income Improves Evaluation of Life But Not Emotional Well-Being," *Proceedings of the National Academy of Sciences*, 107, no. 38 (2010): 16489-16493; Eugenio Proto & Aldo Rustichini, "A Reassessment of the Relationship Between GDP and Life Satisfaction," PLOS ONE 8, no. 11 (2013): e79358; and Daniel W. Sacks, Betsy Ayer Stevenson & Justin Wolfers, "The New Stylized Facts About Income and Subjective Well-Being," *Emotion* 12, no. 6 (2012): 1181-1187.

47. Andrew T. Jebb, Louise Tay, Ed Diener & Shigehiro Oishi, "Happiness, Income Satiation and Turning Points Around the World," *Nature Human Behaviour* 2, no. 1 (2018): 33-38.

48. Jonathan Haidt, *Happiness Hypothesis: Finding Modern Truth in Ancient Wisdom* (New York: Basic Books, 2006), 89.

49. Chuck Palahniuk, *Fight Club* (London: Vintage Books, 2010), 149.

50. Statista, "Media Advertising Spending in the United States from 2015 to 2022 (in

billion U.S. dollars)," March 28, 2019, https://www.statista.com/statistics/272314

51. Barry Schwartz, *The Paradox of Choice: Why More Is Less* (New York: HarperCollins, 2004).

52. Herbert A. Simon, "Rational Choice and the Structure of the Environment," *Psychological Review* 63, no. 2 (1956): 129–138. 사이먼은 "필요조건의 충족"과 "최적화" 전략을 대비한다.

53. 다음을 보라. Nathan N. Cheek & Barry Schwartz, "On the Meaning and Measurement of Maximization," *Judgment and Decision Making* 11, no. 2 (2016): 126–146.

54. Samantha J. Heintzelman & Laura A. King, "Life Is Pretty Meaningful," *American Psychologist* 69, no. 6 (2014): 561–574.

55. T*he Health and Retirement Study*, 미시간대학교 국립노화연구소에서 지원한, 50세 이상 미국인에 대한 현재진행형의 장기 연구, http://hrsonline.isr.umich.edu/. 이 연구 결과는 Heintzelman & King, "Life Is Pretty Meaningful."에 실려 있다.

56. Rosemarie Kobau, Joseph Sniezek, Matthew M. Zack, Richard E. Lucas & Adam Burns, "Well-Being Assessment: An Evaluation of Well-Being Scales for Public Health and Population Estimates of Well-Being Among US Adults," *Applied Psychology: Health and Well-Being* 2 (2010): 272–297.

57. Oishi & Diener, "Residents of Poor Nations."

58. Fei-Hsiu Hsiao, Guey-Mei Jow, Wen-Hung Kuo, King-Jen Chang, Yu-Fen Liu, Rainbow T. Ho, et al., "The Effects of Psychotherapy on Psychological Well-Being and Diurnal Cortisol Patterns in Breast Cancer Survivors," *Psychotherapy and Psychosomatics* 81 (2012): 173–182.

59. Heintzelman & King, "Life Is Pretty Meaningful," 567.

60. 때로 사람들은 착각에 빠져 자신의 감정 상태를 제대로 전달하지 못할 수도 있기 때문에 우리는 그들의 의사 표명을 에누리해서 받아들여야 한다. 하지만 주관적인 의사 표명이 완전히 가치 없다고 생각할 정도로 체계적인 선입견의 근거는 전혀 없고, 대부분의 경우 아마 상대적으로 정확할 것이다. 가령 다음을 보라. OECD, *OECD Guidelines on Measuring Subjective Well-Being* (Paris: OECD Publishing, 2013). 그렇기는 해도 나는 사람들이 어떤 경험을 하든 그들의 존재의 유의미함을 판단하는 데 사용할 수 있는 어떤 외부적인 기준이 있다고 믿기보다는 사람들의 경험 속 의미에 초점을 맞추는 심리학자들과 같은 편이다.

61. Jon H. Kaas, "The Evolution of Brains from Early Mammals to Humans," *Wiley Interdisciplinary Reviews: Cognitive Science* 4, no. 1 (2013): 33–45. 다음도 보라. Joseph R. Burger, Menshian A. George, Claire Leadbetter & Farhin Shaikh, "The Allometry of Brain Size in Mammals," *Journal of Mammalogy* 100, no. 2 (2019): 276–283.

62. Yuval Harari, *Sapiens: A Brief History of Humankind* (New York: Harper, 2015).

63. 다음을 보라. William A. Roberts, "Are Animals Stuck in Time?," *Psychological Bulletin* 128, no. 3 (2002): 473–489. 그렇지만 다음도 보라. William A. Roberts, "Mental Time Travel: Animals Anticipate the Future," *Current Biology* 17, no. 11 (2007): R418–R420. 여기서는 미래를 예측하고 에피소드적으로 기억을 간직하는 일부 동물의 능력을 검토한다. 인간과 동물을 구분하는 대부분의 것들이 그렇듯, 완전한 이분법이라기보다는, 일부 동물들이 거의 가지지 못한 것을 인간이 훨씬 많이 가지고 있는 것뿐이다.

64. Antti Kauppinen, "Meaningfulness and Time," *Philosophy and Phenomenological Research* 84, no. 2 (2012): 345–377, 368.

65. Adam Waytz, Hal E. Hershfield & Diana I. Tamir, "Mental Simulation and Meaning

in Life," *Journal of Personality and Social Psychology* 108, no. 2 (2015): 336–355, study 1.

66. 가령 던바의 주장처럼 인간의 사회성과 큰 무리 속에서 살아가는 습속이 아무래도 우리가 성찰이라고 하는 독특한 능력을 발전시키게 된 이유와 가장 관련이 클 것이다. 또한 가령 하이트의 주장처럼, 정당화의 필요는 다른 사람들에게 우리의 행위를 정당화할 필요와 크게 관련이 있었다. 다음을 보라. Robin I. M. Dunbar, "The Social Brain Hypothesis," *Evolutionary Anthropology: Issues, News, and Reviews* 6, no. 5 (1998): 178–190. 그리고 Jonathan Haidt, "The Emotional Dog and Its Rational Tail: A Social Intuitionist Approach to Moral Judgment," *Psychological Review* 108 (2001): 814–834.

67. 다음을 보라. Frank Martela & Michael F. Steger, "The Meaning of Meaning in Life: Coherence, Purpose, and Significance as the Three Facets of Meaning," *Journal of Positive Psychology*, 11, no. 5 (2016): 531–545.

68. Erich Fromm, *Escape from Freedom* (New York: Avon Books, 1965), p. viii. 이 책의 초판은 1941년에 출간되었다.

69. Fromm, *Escape from Freedom*, xii.

70. Michael F. Steger, Yoshito Kawabata, Satoshi Shimai & Keiko Otake, "The Meaningful Life in Japan and the United States: Levels and Correlates of Meaning in Life," *Journal of Research in Personality* 42, no. 3 (2008), 660–678.

71. Charles Taylor, *A Secular Age* (Cambridge, MA: The Belknap Press of Harvard University Press, 2007). 1500년대에 살았던 사람들의 세계관에 대한 묘사는 주로 테일러의 책 1장을 근거로 삼았다.

72. Taylor, *A Secular Age*, 42, based on Stephen Wilson, *The Magical Universe* (London: Hambledon & London, 2004).

73. Max Weber, *The Sociology of Religion* (Boston: Beacon Press, 1971).

74. 물론 지역의 영들에 대한 믿음과 전능한 단일 창조주 신에 대한 믿음 사이에는 세계관의 큰 차이가 있지만 소위 축의 혁명과 그것이 우리의 세계관을 어떻게 바꿔놓았는지를 살피는 것은 이 책에서 다루는 범위 밖의 일이다.

75. Aristotle, *Nicomachean Ethics*, trans. Robert C. Bartlett & Susan D. Collins (Chicago: University of Chicago Press, Chicago, 2012), 1094a:18-20.

76. Aristotle, *Nicomachean Ethics*, 1106a:17-24.

77. 혹실드는 이 질문이 20세기까지 던져졌다고 주장한 반면, 여기서 나는 인생의 의미가 19세기에 이 질문을 대체하기 시작했다고 주장하고 있다는 점에 유의하라. Joshua P. Hochschild, "What 'the Meaning of Life' Replaced," https:// thevirtueblog.com/2017/12/18 /what-the-meaning-of-life -replaced/.

78. Kerry McSweeney와 Peter Sabor가 Carlyle, *Sartor Resartus*에 쓴 서론을 보라.

79. 철학자 웬들 오브라이언은 칼라일의 책이 알려진 문학작품 중에서는 "인생의 의미"라는 표현이 나오는 최초의 작품이라고 주장한다. 이와 비슷하게 옥스퍼드 영어사전은 이 표현이 들어간 최초의 사례로 칼라일의 책을 거론한다. 나는 직접 찾아보기도 하고 몇몇 전문가들에게 자문도 구해보았지만 "인생의 의미"라는 표현을 사용한 이전 사례를 찾을 수 없었다. 나는 내가 틀렸음이 입증되기를 바라지만 여기서는 이 표현이 아마 그보다 몇십년 앞서 "der Sinn des Lebens"라는 표현을 사용한 독일 낭만파에게서 영감을 받은 토머스 칼라일이 1833~1834년에 영어로 만든 표현이라는 설을 제안한다. 다음을 보라. Wendell O'Brien, "The Meaning of Life: Early Continental and Analytic Perspectives," in *Internet Encyclopedia of Philosophy* (2014). Retrieved from http://www.iep.utm.edu /mean-ear/.

80. Thomas Carlyle, *Sartor Resartus* (Oxford: Oxford University Press, 1987), 3.

81. Carlyle, *Sartor Resartus*. 이 단락의 인용구는 87, 89, 127, 140, 149쪽에 있다.

82. Carlyle, *Sartor Resartus*, 211.

83. Søren Kierkegaard, *Either/Or*, trans. Howard V. Hong & Edna H. Hong (Princeton, NJ: Prince- ton University Press, 1987), 31.

84. Arthur Schopenhauer, *On Human Nature*, trans. Thomas Bailey Saunders (New York: Cosimo, 2010), 62. "Sinn des Lebens"라는 표현은 쇼펜하우어의 대표작《의지와 표상으로서의 세계 Die Welt als Wille und Vorstellung》에도 최소한 한번은 나오는 것으로 보인다.

85. Leo Tolstoy, *Tolstoy's Diaries, Volume I, 1847–1894*, ed. R. F. Christian (London: The Athlone Press, 1985), 191.

86. Tolstoy, *Confession*, 33–34. 이 표현은 Antony Flew, "Tolstoi and the Meaning of Life," *Ethics* 73, no. 2 (1963), 110–118에서 사용된 Louise 와 Aylmer Maude의 번역이다.

87. Tolstoy, *My Confession*, in *The Meaning of Life*, 2nd ed., ed. E. D. Klemke, trans. Leo Wierner, 11–20. (New York: Oxford University Press, 200), 15.

88. Jaakko Tahkokallio, *Pimeä aika* (Helsinki: Gaudeamus, 2019).

89. In Kepler's "Letter to Mästlin" in 1595. Quoted in James R. Voelkel, *The Composition of Kepler's Astronomia Nova* (Princeton, NJ: Princeton University Press, 2001), 33.

90. 이 부분, 그리고 이 단락에 있는 무신론의 역사에 대한 다른 사실들은 Gavin Hyman, *A Short History of Atheism* (New York: I. B. Tauris & Co., 2010), 3–7에서 가져왔다. 그는 고대 그리스로마 사상가들 중에서도 때로 "부드러운" 무신론을 발견할 수 있다고 지적한다. 그것은 일종의 자유사상으로, 어떤 비범한 사람들은 신의 역할을 새로운 방식으로 바라보는 지적인 이론을 제안하거나, 아예 신이 별로 많은 역할을 하지 않는다고 주장하기도 했다. 하지만 이런 사상가는 거의 없다시피 했고, 일반적으로는 종교적 실천을 거부하지도, 초월적인 영역을 완전히 단호하게 부정하지

도 않았다.

91. Hyman, *A Short History of Atheism*, 7.

92. Tolstoy, *My Confession*, in *The Meaning of Life*, 19.

93. Alain de Botton, "How Romanticism Ruined Love," July 19, 2016, https://www.abc.net.au /religion/how-romanticism-ruined-love/10096750.

94. Douglas Adams, *The Hitchhiker's Guide to the Galaxy* (New York: Ballantine Books, 2009), 161.

95. Hyman, *A Short History of Atheism*, 20~26쪽에서 데카르트의 책에서 일어난 이 전환을 분석한다.

96. 가령 다음을 보라. MacIntyre, *After Virtue*.

97. Baumeister, "How the Self Became a Problem."

98. Hyman, *A Short History of Atheism*, xvi-xvii은 지배와 통제 대상으로서의 세상과 진보라는 감각은 근대적인 세계관을 규정하는 핵심 특성이라고 설명한다.

99. 게다가 기이한 유럽의 정치 상황은 새로운 사고방식에 우호적이었다. 중앙집권적인 중국에서는 황제가 사고할 수 있는 것의 한계를 공개적으로 설정할 권력을 가지고 있었다. 유럽의 엘리트들은 문화적으로 단결되어 있었고 그러므로 꾸준히 사고를 교환했지만, 유럽은 정치적인 면에서 작은 도시국가와 왕국으로 나뉘어 있었다. 이는 사람이 사고할 수 있는 것의 경계를 확장하는 자유사상가들에게는 항상 더 자유롭고 관대한 왕자 또는 통치자가 어딘가에 있고, 현재의 위치에서 상황이 지나치게 과열될 경우 그 공국으로 도피할 수 있음을 의미했다. 나는 철학에서부터 천문학, 정치학에 이르는 광범위한 분야에서 몇 가지 사고 혁신이 급속하게 발전하는 데 이 역사적으로 기이한 조건 - 분권화된 정치 내에서의 문화적 통일성 - 의 역할을 과소평가해서는 안 된다고 생각한다.

100. 종교가 없는 사람들 중에서 약 3분의 1은 자신을 무신론자 또는 불가지론자라고 생각하고(31퍼센트), 약 3분의 1은 종교가 자신의 인생에 중요하지 않다고 이야기하며(39퍼센트), 나머지 3분의 1은 종교가 자신의 삶에서 어느 정도 중요하긴 하지만 그렇다고 해서 특정 종교와 동일시하지는 않는다(30퍼센트). 이 마지막 집단은 여전히 일종의 신 또는 영성을 믿는다고 볼 수 있지만 이들이 믿음을 갖는 방식은 특정 종교 집단과 아무런 관계가 없고 그저 자기만의 방식으로 믿음을 갖거나 갖지 않는다. 다음을 보라. Pew Research Center, *America's Changing Religious Landscape*, Pew Research Report, 2015.

101. Pew Research Center, *America's Changing Religious Landscape*.

102. 신을 믿지 않음에 대한 통계의 출처는 다음과 같다. the International Social Survey Programme (ISSP) 2008, quoted in Ariela Keysar, & Juhem Navarro-Rivera, "A World of Atheism," in *The Oxford Handbook of Atheism*, ed. S. Bullivant & M. Ruse, 553-585, (New York: Oxford University Press, 2013). 종교 집단에 소속되지 않은 사람의 수는 다음에서 가져왔다. Pew Research Center, *The Future of World Religions: Population Growth Projections*, 2010-2050, Pew Research Report, 2015. 종교 집단에 소속되지 않은 사람의 경우, 퓨리서치센터 2015년 데이터에서 종교 집단에 속하지 않음이라고 밝힌 사람이 인구의 절반이 넘는 나라는 체코, 에스토니아, 그리고 중국, 홍콩, 북한이다.

103. 2008년 ISSP 설문조사에서 의심의 여지 없이 신을 믿는 사람들에 비해 신은 존재하지 않는다고 분명하게 생각하는 사람들의 비율을 근거로 했을 때. 다음을 보라. Figure 36.8 in Keysar & Navarro-Rivera, "A World of Atheism," 577.

104. Robert D. Putnam & David E. Campbell, *American Grace: How Religion Divides and Unites Us* (New York: Simon & Schuster), 4.

105. Taylor, *A Secular Age*.

106. Putnam & Campbell, *American Grace*, 6.

107. Carlyle, *Sartor Resartus*, 147.

108. 심리학자들은 인생 안에서의 의미를 이런 식으로 정의한다. 철학자들에게는 "인생 안에서의 의미"라는 문제마저 일반적으로 개인이 의미 있음을 느끼는 주관적인 감각보다는 특정한 삶의 객관적인 유의미함—그 삶이 "정말로" 의미가 있는지—을 일컫는다는 점에 주의할 것.

109. 요즘 많은 분석철학자는 여전히 우리가 자연주의를 받아들인다 해도 어떤 형태의 객관성을 지킬 수 있다고 믿는 객관적인 자연주의자라는 점에 주의할 것. 가령 다음을 보라. Metz, *Meaning in Life*, and Antti Kauppinen, "Meaningfulness," in *The Routledge Handbook of Philosophy of Well-Being*, ed. G. Fletcher, 281–291 (Abingdon, UK: Routledge, 2016). 애석하게도 여기서는 이런 시도의 장단점을 논할 시간이나 지면이 부족하다.

110. 이 정서는 듀이의 실용주의 철학의 핵심이다. 특히 다음을 보라. Gregory Pappas, *John Dewey's Ethics: Democracy as Experience* (Bloomington: Indiana University Press, 2008).

111. 가령 다음을 보라. the essays "Pyrrhus and Cineas" and "Introduction to an Ethics of Ambiguity" in Simone de Beauvoir, *Philosophical Writings*, ed. M. A. Simons (Urbana: University of Illinois Press, 2004).

112. Beauvoir in the essay "Introduction to an Ethics of Ambiguity," trans. by Marybeth Timmermann. In Beauvoir, *Philosophical Writings*, 291.

113. Beauvoir, *Philosophical Writings*, 293.

114. 나는 특히 다음 글에서 도덕적 성장과 실용주의 내의 그 뿌리에 대한 생각에 대해 이야기한다. Frank Martela, "Is Moral Growth Possible for Managers?," in *Handbook of Philosophy of Management*, ed. Cristina Neesham & Steven Segal. Advance online publication, doi:10.1007/978-3-319-48352-8_18-1.

115. Frankl, *Man's Search for Meaning*, p. 112. 이 인용구는 2006년 Beacon Press 판에서 가져온 것이다.

116. Pappas, *John Dewey's Ethics*, 152.

117. John Dewey, *Human Nature and Conduct* (New York: Henry Holt and Company, 1922), 196.

118. Aristotle, *Nicomachean Ethics*, 1096b:3-4.

119. Samuel Beckett, *Waiting for Godot* (New York: Grove Press, 1954), 80.

120. Tim Urban, "The Tail End," *Wait But Why*, December 11, 2015, https://waitbutwhy.com/2015/12/the-tail-end.html.

121. *Ferris Bueller's Day Off*, Broderick, Matthew. Directed by John Hughes. Los Angeles: Paramount Pictures, 1986.

122. 특수한 의미의 원천과 보편적 의미의 원천이라는 이 구분은 누구에게나 해당하는 이유와 나에게 해당하는 이유라는 캘훈의 구분과 유사하다. 다음을 보라. Cheshire Calhoun, *Doing Valuable Time: The Present, the Future, and Meaningful Living* (New York: Oxford University Press, 2018).

123. John Dewey, *Theory of Valuation* (Chicago: University of Chicago Press, 1939).

124. 나는 이 주제를 다른 논문에서 더 진전시켰다. Frank Martela, "Moral Philosophers as Ethical Engineers: Limits of Moral Philosophy and a Pragmatist Alternative," *Metaphilosophy* 48, no. 1-2 (2017): 58-78.

125. Edward L. Deci & Richard M. Ryan, "The 'What' and 'Why' of Goal Pursuits: Human Needs and the Self-Determination of Behavior," *Psychological Inquiry* 11, no. 4 (2000), 227-268; Richard M. Ryan & Edward L. Deci, *Self-Determination Theory: Basic Psychological Needs in Motivation, Development, and Wellness* (New

York: Guilford Press, 2017). 다음에 실린 자기결정이론에 대한 나의 간단한 소개도 보라. Frank Martela, "Self-Determination Theory," in *The Wiley-Blackwell Encyclopedia of Personality and Individual Differences: Vol. I. Models and Theories*, ed. Bernardo J. Carducci & C. S. Nave (Hoboken, NJ: John Wiley & Sons, in press).

126. Deci & Ryan, "The 'What' and 'Why' of Goal Pursuits," 229.

127. Deci & Ryan "The 'What' and 'Why' of Goal Pursuits"; Ryan & Deci, *Self-Determination Theory*.

128. Frank Martela & Richard M. Ryan, "The Benefits of Benevolence: Basic Psychological Needs, Beneficence, and the Enhancement of Well-Being," *Journal of Personality* 84, no. 6 (2016), 750–764.

129. 특히 선의의 좌절은 세 가지 확정된 필요의 좌절과 동일한 의미에서 나쁜 상태로 귀결되지 않는 듯하지만 선의의 충족은 세 가지 확정된 필요와 비슷하게 안녕과 유의미함으로 귀결되는 듯하다. 이는 기본적인 심리적 필요라기보다는 보강 필요의 일종일 수 있다. 다음을 보라. Martela & Ryan 2019: "Distinguishing Between Basic Psychological Needs And Basic Wellness Enhancers: The Case of Beneficence as a Candidate Psychological Need." *Motivation and Emotion*, advance online publication. 10.1007/511031-019-09800.

130. 특히 다음을 보라. Frank Martela, Richard M. Ryan & Michael F. Steger, "Meaningfulness as Satisfaction of Autonomy, Competence, Relatedness, and Beneficence: Comparing the Four Satisfactions and Positive Affect as Predictors of Meaning in Life," *Journal of Happiness Studies* 19, no. 5 (2018), 1261–1282. 논문에는 이 네 가지를 의미의 원천으로 검토한, 내가 본 것 중에 가장 중요한 연구들에 대한 중요한 참고자료가 들어 있기도 하다. 다음도 보라. Frank Martela & Tapani J. J. Riekki, "Autonomy, Competence, Relatedness, and Beneficence: A Multicultural Comparison of the Four Pathways to Meaningful Work," *Frontiers in Psychology* 9 (2018), 1–14.

131. 기본 필요 위에 핵심 가치를 쌓아올리자는 이 제안을 좀 더 철학적인 측면에서 접근한 글로는 내 논문을 보라. F. Martela, "Four reasonable, Self-Justifying Values—How to Identify Empirically Universal Values Compatible with Pragmatist Subjectivism," *Acta Philosophica Fennica*, 94 (2018), 101–128.

132. 1990년대부터 지금까지 100여 개 나라의 사람들이 참여하는 숱한 연구를 한 이스라엘의 교수 샬롬 슈워츠는 아마 전 세계에서 인간의 가치에 대해 가장 포괄적인 연구를 한 사람일 것이다. 모든 문화권이 공유한 그의 보편적인 가치 목록에는 자율성, 유능감, 관계 맺음, 선의에 어느 정도 해당되는 가치가 있다. 그것은 바로 자기 지시, 성취, 돌봄-선의이다. 그리고 그는 "자율성, 관계 맺음, 유능감에 관련된 가치들은 아주 중요하고 일치도가 매우 높은 보편적인 패턴을 보인다"고 기꺼이 인정한다. Ronald Fischer & Shalom Schwartz, "Whence Differences in Value Priorities? Individual, Cultural, or Artifactual Sources," *Journal of Cross-Cultural Psychology*, 42, no. 7 (2011), 1127–1144. 관련된 가치와 기본적인 필요에 대한 슈워츠의 정의에는 약간의 차이가 있고, 이 점은 그의 가치들과 SDT의 필요를 비교할 때 고려해야 한다. 하지만 그래도 나는 슈워츠 자신이 내린 결론에 이르게 된 데에는 충분한 개념적 유사성이 있다고 생각한다. 즉 필요에는 거의 보편에 가까운 호소력이 있을 가능성이 아주 높다는 결론 말이다. 슈워츠는 선의를 두 가지 하위 범주로 구분할 수 있다고 지적한다. 친구들과의 관계 그리고 그들에 대한 책임감을 지칭하는 의존 가능성, 그리고 도움을 주는 쪽에 더 가까운 돌봄. 다음을 보라. Shalom Schwartz, Jan Cieciuch, Michele Vecchione, Eldad Davidov, Ronald Fischer, Constanze Beierlein et al., "Refining the Theory of Basic Individual Values," *Journal of Personality and Social Psychology*, 103, no. 4 (2012), 663–688.

133. Christopher P. Niemiec, Richard M. Ryan & Edward L. Deci, "The Path Taken: Consequences of Attaining Intrinsic and Extrinsic Aspirations in Post-College Life," *Journal of Research in Personality* 43, no. 3 (2009), 291–306.

134. Kauppinen, "Meaningfulness and Time," 364.

135. Roy Baumeister & Mark Leary, "The Need to Belong: Desire for Interpersonal

Attachments as a Fundamental Human Motivation," *Psychological Bulletin*, 117, no. 3 (1995), 497–529.

136. Arthur Aron, Elaine N. Aron, Michael Tudor & Greg Nelson, "Close Relationships as Including Other in the Self," *Journal of Personality and Social Psychology* 60, no. 2 (1991), 241–253.

137. Yawei Cheng, Chenyi Chen, Ching Po Lin, Kun Hsien Chou, & Jean Decety, "Love Hurts: An fMRI Study," *Neuroimage* 51, no. 2 (2010), 923–929.

138. Maurice Merleau-Ponty, *Phenomenology of Perception*, trans. C. Smith (London: Routledge, 2002 [1945]), 413.

139. Nathaniel Lambert, Tyler F. Stillman, Roy F. Baumeister, Frank D. Fincham, Joshua A. Hicks & Steven M. Graham, "Family as a Salient Source of Meaning in Young Adulthood," *The Journal of Positive Psychology* 5, no. 5 (2010), 367–376.

140. Pew Research Center, "Where Americans Find Meaning in Life," November 20, 2018, https://www.pewforum.org /2018/11/20/where-americans -find-meaning-in-life/.

141. Lambert et al., "Family as a Salient Source of Meaning"; Nathaniel M. Lambert, Tyler F. Stillman, Joshua A. Hicks, Shanmukh Kamble, Roy F. Baumeister & Frank D. Fincham, "To Belong Is to Matter: Sense of Belonging Enhances Meaning in Life," *Personality and Social Psychology Bulletin* 39, no. 11 (2013): 1418–1427; Martela et al., "Meaningfulness as Satisfaction of Autonomy, Competence, Relatedness, and Beneficence."

142. Tyler F. Stillman, Roy F. Baumeister, Nathaniel M. Lambert, A. Will Crescioni, C. Nathan DeWall & Frank D. Fincham, "Alone and Without Purpose: Life Loses Meaning Following Social Exclusion," *Journal of Experimental Social Psychology* 45, no. 4 (2009), 686–694.

143. Robert D. Putnam, *Bowling Alone: The Collapse and Revival of American Community* (New York: Simon & Schuster, 2001). 비판은 다음을 보라. Claude S. Fischer, "Bowling Alone: What's the Score?" *Social Networks* 27, no. 2 (2001), 155–167.

144. Jüri Allik & Anu Realo, "Individualism–Collectivism and Social Capital," *Journal of Cross-Cultural Psychology* 35, no. 1 (2004): 29–49, 34–35.

145. 나는 이 이야기를 힌차의 친구이자 동료인 Juha Äkräs에게서 처음으로 들었다. 다음 책에도 나온다. Aki Hintsa & Oskari Saari's book, *The Core: Better Life, Better Performance*, trans. D. Robinson (Helsinki: WSOY, 2015), 196–198.

146. Leena Valkonen, "What Is a Good Father or Good Mother Like? Fifth and Sixth Graders' Conceptions of Parenthood / Millainen on Hyvä Äiti Tai Isä? Viides-Ja Kuudesluokkalaisten Lasten Vanhemmuuskäsitykset," (Jyväskylä: University of Jyväskylä, 2006), 42. Hintsa & Saari, *The Core*에도 인용된다.

147. Frank Martela, "Meaningfulness as Contribution," *The Southern Journal of Philosophy* 55, no. 2 (2017): 232–256.

148. Frank Martela & Richard M. Ryan, "Prosocial Behavior Increases Well-Being and Vitality Even Without Contact with the Beneficiary: Causal and Behavioral Evidence," *Motivation and Emotion* 40, no. 3 (2016), 351–357.

149. 가령 다음을 볼 것. Blake A. Allan, Ryan D. Duffy & Brian Collisson, "Helping Others Increases Meaningful Work: Evidence from Three Experiments," *Journal of Counseling Psychology* 65, no. 2 (2017), 155–165. Daryl R. Van Tongeren, Jeffrey D. Green, Don E. Davis, Joshua N. Hook & Timothy L. Hulsey, "Prosociality Enhances Meaning in Life," *The Journal of Positive Psychology* 11, no. 3 (2016), 225–236.

150. 이 부분은 원래는 *Scientific American Observations*에 "Exercise, Eat Well, Help Others: Altruism's Surprisingly Strong Help Impact" (September 7, 2018)라

는 제목으로 발표된 나의 블로그 포스트를 바탕으로 삼고 있다. https://blogs.scientificamerican.com/observations/exercise-eat-well-help-others-altruisms-surprisingly-strong-health-impact/.

151. Ashley V. Whillans, Elizabeth W. Dunn, Gillian M. Sandstrom, Sally S. Dickerson & Kenneth M. Madden, "Is Spending Money on Others Good for Your Heart?" *Health Psychology* 35, no. 6 (2016), 574–583.

152. Stephanie L. Brown, Randolph M. Nesse, Amiram D. Vinokur & Dylan M. Smith, "Providing Social Support May Be More Beneficial Than Receiving It: Results from a Prospective Study of Mortality," *Psychological Science* 14, no. 4 (2003), 320–327.

153. Morris A. Okun, Ellen Wan Yeung & Stephanie L. Brown, "Volunteering by Older Adults and Risk of Mortality: A Meta-Analysis," *Psychology and Aging* 28, no. 2 (2013), 564–577.

154. Michael J. Poulin, Stephanie L. Brown, Amanda J. Dillard & Dylan M. Smith, "Giving to Others and the Association Between Stress and Mortality," *American Journal of Public Health* 103, no. 9 (2013), 1649–1655.

155. Stephanie L. Brown, Dylan M. Smith, Richard Schulz, Mohammed U. Kabeto, Peter A. Ubel, Michael Poulin, et al., "Caregiving Behavior Is Associated with Decreased Mortality Risk," *Psychological Science* 20, no. 4 (2009), 488–494.

156. Elizabeth W. Dunn, Lara B. Aknin & Michael I. Norton, "Spending Money on Others Promotes Happiness," Science 319, no. 5870 (2008), 1687–1688.

157. Lara B. Aknin, Christopher P. Barrington-Leigh, Elizabeth W. Dunn, John F. Helliwell, Justine Burns, Robert Biswas-Diener, et al., "Prosocial Spending and Well-Being: Cross-Cultural Evidence for a Psychological Universal," *Journal of Personality and Social Psychology* 104, no. 4 (2013), 635–652.

158. Lara B. Aknin, Tanya Broesch, J. Kiley Hamlin & Julia W. Van de Vondervoort, "Prosocial Behavior Leads to Happiness in a Small-Scale Rural Society," *Journal of Experimental Psychology: General* 144, no. 4 (2015), 788–795.

159. Jorge Moll, Frank Krueger, Roland Zahn, Matteo Pardini, Ricardo de Oliveira-Souza & Jordan Grafman, "Human Fronto–Mesolimbic Networks Guide Decisions About Charitable Donation," *Proceedings of the National Academy of Sciences* 103, no. 42 (2006), 15623–15628.

160. Amy Wrzesniewski & Jane E. Dutton, "Crafting a Job: Revisioning Employees as Active Crafters of Their Work," *The Academy of Management Review* 26, no. 2 (2001), 179–201, 191.

161. Adam Grant, "8 Ways to Say No Without Ruining Your Reputation," Huffington Post, March 12, 2014. https://www.huffpost.com/entry/8-ways-to-say-no-without_b_4945289.

162. Netta Weinstein & Richard M. Ryan, "When Helping Helps: Autonomous Motivation for Pro–social Behavior and Its Influence on Well-Being for the Helper and Recipient," *Journal of Personality and Social Psychology* 98, no. 2 (2010): 222–244.

163. Martela et al., "Meaningfulness as Satisfaction of Autonomy, Competence, Relatedness, and Beneficence"; Martela & Riekki, "Autonomy, Competence, Relatedness, and Beneficence."

164. Richard Taylor, "The Meaning of Life," in *Life and Meaning: A Philosophical Reader*, ed. Oswald Hanfling, (Oxford: Blackwell, 1988), 39–48.

165. Lawrence C. Becker, "Good Lives: Prolegomena," *Social Philosophy and Policy* 9, no. 2 (1992), 15–37, 20.

166. Letter from Tolstoy to N. N. Strakhov, April, 1876. Quoted in George Gibian, ed., *Anna Karenina—A Norton Critical Edition* (New York: W. W. Norton & Company), 751.

167. Rebecca J. Schlegel, Joshua A. Hicks, Laura A. King & Jamie Arndt, "Feeling Like You Know Who You Are: Perceived True Self-Knowledge and Meaning in Life," *Personality and Social Psychology Bulletin* 37, no. 6 (2011), 745–756.

168. 가령 다음을 보라. Rebecca J. Schlegel, Joshua A. Hicks, Jamie Arndt & Laura A. King, "Thine Own Self: True Self-Concept Accessibility and Meaning in Life," *Journal of Personality and Social Psychology* 96, no. 2 (2009), 473–490.

169. 다음을 보라. Ryan & Deci, *Self-Determination Theory*.

170. 예를 들어, Valery Chirkov, Richard M. Ryan, R. M., Youngmee Kim & Ulas Kaplan, "Differentiating Autonomy from Individualism and Independence: A Self-Determination Theory Perspective on Internalization of Cultural Orientations and Well-Being," *Journal of Personality and Social Psychology* 84, no. 1 (2003), 97–110; Beiwen Chen, Maarten Vansteenkiste, Wim Beyers, Liesbet Boone, Edward L. Deci, Jolene Van der Kaap-Deeder, et al., "Basic Psychological Need Satisfaction, Need Frustration, and need Strength Across Four Cultures," *Motivation and Emotion* 39, no. 2 (2015), 216–236.

171. Chirkov et al., "Differentiating Autonomy from Individualism and Independence."

172. Richard M. Ryan & Edward L. Deci, "Self-Determination Theory and the Facilitation of Intrinsic Motivation, Social Development, and Well-Being," *American Psychologist* 55, no. 1 (2000), 68–78.

173. Robert Wuthnow, *Acts of Compassion: Caring for Others and Helping Ourselves* (Princeton, NJ: Princeton University Press, 1991).

174. 사르트르의 희곡 〈파리떼Les Mouches〉 2막에서 제우스가 아이기스토스에게 한 말이다. Jean-Paul Sartre, *No Exit and Three Other Plays* (New York: Vintage Books, 1989), 102.

175. Frankl, *Man's Search for Meaning*, 104.

176. Ryan & Deci, *Self-Determination Theory*.

177. MacIntyre, *After Virtue*에서 10장을 보라.

178. MacIntyre, *After Virtue*, 122.

179. 롤스는 이를 아리스토텔레스 원칙이라고 불렀다. John Rawls, *A Theory of Justice*, rev. ed. (Cambridge, MA: Harvard University Press, 2003).

180. People Are Awesome(굉장한 사람들)이라는 제목의 유튜브 채널은 "평범한 사람들이 비범한 일을 하는" 동영상을 내세워 50억 조회 수를 자랑한다.

181. Mihaly Csikszentmihalyi, *Flow: The Psychology of Optimal Experience* (New York: Harper Perennial, 1991).

182. Csikszentmihalyi, *Flow*, 4.

183. Pew Research Center, "Where Americans Find Meaning in Life."

184. 앞서 다뤘던 다른 세 근원과 비교했을 때 유능감은 직접적인 연구를 통한 관심을 가장 적게 받았다는 점에 주목해야 한다. 그러므로 그것을 인생에서의 의미의 핵심적인 근원으로 확립하는 실험적인 연구들이 아직 많이 필요하다. 그러므로 그것이 유의미함을 얻기 위해 중요하다는 나의 주장은 주로 이론적인 차원이다. 하지만 다음도 보라. Martela et al., "Meaningfulness as Satisfaction of Autonomy, Competence, Relatedness, and Beneficence."

185. Emily Esfahani Smith, *The Power of Meaning: Crafting a Life That Matters* (London:

Rider, 2017), 229–230.

186. Tolstoy, *My Confession*, in *The Meaning of Life*, 14.

187. Seppälä, Emma 2016: *The Happiness Track: How to Apply the Science of Happiness to Accelerate Your Success*, (New York: Harper-Collins, 2016).

188. John Dewey, *How We Think* (New York: Cosimo, 2007), 219. Originally published in 1910.

189. Tolstoy, *My Confession*, in *The Meaning of Life*, 13.

190. Alan W. Watts, *The Tao of Philosophy*, edited transcripts (North Clarendon, VT: Tuttle Publishing, 2002), 77-78. 원래 강의였는데 아들인 마크 와츠가 활자화했다.

191. Camus, *Myth of Sisyphus*, 63.

성원

책을 통해 사람을 만나고 세상을 배우는 게 좋아서 시작한 일이 어느덧 업이 되었다. 책을 통한 사색만큼 물질성이 있는 노동을 사랑한다. 마음이 소란할 때는 컴퓨터를 끄고 달리기나 바느질을 한다. 번역서로 《쫓겨난 사람들》, 《백래시》, 《혼자 살아가기》, 《자본의 17가지 모순》, 《캘리번과 마녀》, 《염소가 된 인간》 등이 있다.

당신은 태어나겠다고 선택하지 않았다

초판 1쇄 발행 2025년 12월 16일

지은이 프랑크 마르텔라
옮긴이 성원
발행인 김형보
편집 최윤경, 강태영, 임재희, 홍민기, 강민영, 박지연, 김아영
마케팅 이연실, 김보미, 김민경, 고가빈 **디자인** 김지은, 박현민 **경영지원** 최윤영, 유현

발행처 어크로스출판그룹(주)
출판신고 2018년 12월 20일 제 2018-000339호
주소 서울시 마포구 동교로 109-6
전화 070-5038-3533(편집) 070-8724-5877(영업) **팩스** 02-6085-7676
이메일 across@acrossbook.com **홈페이지** www.acrossbook.com

한국어판 출판권 ⓒ 어크로스출판그룹(주) 2025

ISBN 979-11-6774-257-5 03100

- 잘못된 책은 구입처에서 교환해드립니다.
- 이 책은 저작권법에 따라 보호를 받는 저작물이므로 무단 전재와 무단 복제를 금지하며, 이 책의 전부 또는 일부를 이용하려면 반드시 저작권자와 어크로스출판그룹(주)의 서면 동의를 받아야 합니다.

만든 사람들
편집 최윤경, 홍민기 **교정** 오효순 **디자인** 김지은